Cuddle Call?

New and Selected Poems

by

Ifor ap Glyn
National Poet of Wales

First published in 2018

© Author: Ifor ap Glyn
© Gwasg Carreg Gwalch

ISBN: 978-1-84527-678-2

Cover design: Eleri Owen

Published with the financial support of the
Welsh Books Council.

Published by Gwasg Carreg Gwalch,
12 Iard yr Orsaf, Llanrwst, Wales LL26 0EH
tel: 01492 642031
email: books@carreg-gwalch.cymru
website: www.carreg-gwalch.cymru

CUDDLE CALL?

Cuddle Call?

Detholiad o gerddi hen a newydd

gan

Ifor ap Glyn
Bardd Cenedlaethol Cymru

Cyflwynedig i 'Nhad

Cydnabyddiaeth

Cyfieithiadau gan yr awdur, oni nodir yn wahanol sef: Nigel Jenkins (NJ), Clare Potter (CP) a Geraint Løvgreen (GL).

Acknowledgements

Translations are by the author, unless noted otherwise namely: Nigel Jenkins (NJ), Clare Potter (CP) and Geraint Løvgreen (GL)

Cynnwys • Contents

Rhagymadrodd /12
Introduction / 15
Introductory essay (Ian Rowlands) / 17
'Manifesto' / 24
Thoughts on Translation /27

1986-91
o/from
Oll Garthion Pen Cymro Ynghyd
(All the crap from a Welshman's Head)

30 / Neijal • Nigel / 31
32 / Ciwcymbars • Wolverhampton
Wolverhampton   Cucumbers / 33
38 / Vindaloo • Vindaloo / 39
40 / I wallt John • To John's hair / 41

1992-98
o/from
Golchi Llestri mewn Barmitzvah
(Washing Dishes at a Barmitzvah)

44 / Rhyw ddydd • Some day / 45
48 / Gwahanu • The Split / 49
50 / Cegin Gareth Ioan • Gareth Ioan's kitchen / 51
54 / Iaith cyllall ffrwythau • Why do we speak with
    fruit-knived tongues? / 55
56 / Fy mrawd • My brother / 57

1999-2001
o/from
Cerddi Map yr Underground
(The Underground Map Poems)

60 / Map yr Underground • The Underground Map / 61

64 / Cymraeg Llundain • The Welsh language
in London / 65

66 / Gwerthu'r byd mewn • Selling the world in black
du a gwyn and white / 67

70 / Wyth milltir yr awr. • Eight miles an hour / 71

74 / Y tadau pêl-droed • The football fathers / 75

76 / Swpar chwaral • Quarry supper /77

80 / Anweledig mewn gig • Invisible in a rock
Anweledig gig / 81

84 / Noswylio • Settling for the night / 85

86/ Y fi yw'r boi hefo'r bol • I'm that guy with the gut / 87

90 / Rhybudd: Cynulliad • Warning: Assembly / 91

'Golau yn y Gwyll'
(Light in the Twilight)

96 / Clirio'r tŷ mewn • Clearing the house
cwmwl tystion in a cloud of witness / 97

98 / Cyn mynd nôl i'r De • Before going back down
South / 99

100 / I've always wished • I've always wished I could
I could speak Welsh speak Welsh / 101

102 / Dysgwyr anonymous • Learners anonymous / 103

104 / Siafio o flaen fy mab • Shaving in front
of my son / 105

106 / Makeover and rusks • Makeover and rusks
(meddwi yn Gymraeg) (getting drunk in Welsh) /107

106 / Cyn dosbarth nos • Before the night class / 107

108 / Cymraeg Caerdydd • The Welsh language
in Cardiff / 109
108 / Dad-ddysgu • Un-learning / 109
110 / Guinness wedi'r • Half empty
Wlpan or half full? / 111
114 / Codi weipars • Lifting the wipers / 115
116 / Croesi'r bont • Crossing a bridge / 117
118 / Eistedd mewn stafell ... • Sitting in a room ... / 119
120 / Rage, rage against ... • Rage, rage against ... / 121

2002-11
o/from
Waliau'n Canu
(Singing Walls)

124 / Gwers • Elevation / 125
128 / Cwmni • Company / 129
132 / Modryb • For my Aunt / 133
138 / Un diwrnod yn • One day in
Kampala Kampala / 139
142 / Ynys • Island / 143
144 / Sul y Cofio • Remembrance Sunday / 145
148 / Y tyst (Aneirin) • The witness (Aneirin) / 149

'Milwyr y Mericia Cymraeg'
(Welsh American Soldiers)

154 / Mab Darogan • Son of Prophecy / 155
158 / Dechrau'r daith • Journey's beginning / 159
160 / Recriwtio'n Ty'n Rhos • Recruiting at Ty'n Rhos / 161
162 / Llythyr adre • Letter home / 163
164 / Carchar rhyfel • War prison / 165
166 / Cyn brwydr • Before battle / 167

168 / Dilyn John Griffith Jones • In the footsteps of John Griffith Jones / 169
170 / Yr Orymdaith Fawreddog • The Grand Parade / 171
172 / Tu draw i'r Potomac • Beyond the Potomac / 173
174 / Fort Sumter, De Carolina • Fort Sumter, South Carolina / 175
176 / Diwedd y daith • Journey's end / 177

2012-17
Cerddi Heb eu Casglu
Uncollected Poems

180 / Camp • A feat / 181
184 / Agor y drws • Opening the door / 185
188/ Man Us • Wheat and chaff / 189
190 / Esgus • Excuse / 191
194 / Croen • Skin / 195
198 / Darllen ei grys • Reading his shirt / 199
200 / Terasau • Terraces / 201
202 / Mwg • Smoke / 203

'Terfysg'
(Turbulence)

206 / Darnio • Disintegration / 207
208 / 11.12.12 • 11.12.12 / 209
210 / Ystrad Fflur • Strata Florida / 211
212 / Entropi • Entropy / 213
214 / Glaw • Rain / 215
216 / Swyddfa • Office / 217
218 / Hydref eto • Autumn again / 219
220 / Boddi cynhaea' • Drowning the harvest / 221

222 / A be mae'r beirdd • And what do
yn feddwl?　　　the poets think? / 223
224 / Protest • Protest / 225
226 / Son et lumière • Son et lumière / 227
228 / Peblig: 87.4% • Peblig: 87.4% / 229
230 / Hen gapel • A former chapel /231
232 / Gwae ni chlyw • Woe he who hears
organ na chlych　　　no organ nor bells / 233
234 / Gweledigaeth • Vision / 235
236 / Hunlle • Nightmare / 237
238 / Bathodyn Cymraeg • Welsh speaker badge / 239
240 / Ceiliog mwyalchen • A male blackbird / 241

242 / Y tŷ hwn • This house / 243
246 / Gweledigaethau • Euro-visions
Euro 2016　　　2016 / 247
250 / Caerdydd 3.6.17 • Cardiff 3.6.17 / 251
252 / Cadw oed • Keeping faith
with our past / 253
256 / Mwyara • Blackberrying / 257
260 / Gwaddol • Bequest / 261
262 / Taliesin • Taliesin / 263
264 / Cymraeg Ambarel • Umbrella Welsh / 265
266 / Taeru dŵr yn rhew • Swearing water
back to ice / 267
268 / Llythyr Mamgu • Mamgu's letter / 269
274 / Loc Llangynidr • Llangynidr lock / 275
276 / Medi 1917 • Harvest 1917 / 277
280 / Blwyddyn y môr • The year of the sea / 281

Nodiadau • Notes / 282

Rhagymadrodd

Dros yr ugain mlynedd diwethaf, dwi wedi cael galwadau'n lled-reolaidd i gyflwyno 'ngwaith o flaen cynulleidfaoedd di-Gymraeg yng Nghymru a thu hwnt. Er y byddaf yn manteisio ar y Saesneg ar adegau felly er mwyn rhoi cyd-destun i'r cerddi, fydda'i ond yn eu perfformio neu'n eu darllen yn y Gymraeg. Credaf fod hyn yn bwysig. Byddaf yn darparu cyfieithiad i'r gynulleidfa ei ddarllen, boed ar daflen neu wedi'i daflunio ar wal tu cefn i mi, ond yn Gymraeg yn unig y clywir y cerddi.

Am flynyddoedd, gweithred ddigon mympwyol gen i oedd cyfieithu fy ngwaith. (Pam ddewis y gerdd hon i'w chyfieithu yn hytrach na'r llall? Wrth edrych yn ôl ar gyfer y gyfrol hon, dwi ddim yn siwr fy hun weithiau!) Ond newidiodd y drefn honno ym Mai 2016, wrth dderbyn swydd Bardd Cenedlaethol Cymru.

Ers cychwyn y prosiect yn 2005, mae'r baton wedi cael ei basio nôl a 'mlaen rhwng beirdd sy'n 'sgrifennu yn Saesneg a beirdd sy'n 'sgrifennu yn Gymraeg; ond disgwylir i bob deiliad wneud ymdrech i sicrhau fod ei (g)waith ar gael yn yr iaith 'arall' hefyd; boed honno'n Gymraeg neu'n Saesneg. Dyma fynd ati felly, i gyfieithu'n fwy cyson dros y ddwy flynedd ddiwethaf, ac mae'r pentwr cyfieithiadau wedi tyfu'n fwy fyth – ond heb weld golau dydd chwaith, heblaw yn y nosweithiau lle mae gofyn amdanynt.

Ambell waith ar ôl y gigs hynny, byddai rhywun yn gofyn yn Saesneg, 'oes llyfr o gyfieithiadau gen ti?' Dyna, mae'n debyg, oedd yr hedyn ar gyfer y casgliad hwn.

Yn y gyfrol hon, ceir:

- detholiad o ysgrifau byrion, yn Saesneg yn bennaf, er mwyn rhoi peth cyd-destun i'r darllenwyr nad yw'n gyfarwydd iawn â Chymru na llenyddiaeth Gymraeg;

- y brif adran gyda rhyw naw deg o gerddi ac un monolog, yn ymddangos ochr yn ochr â'u cyfieithiadau Saesneg. Mae'r cerddi'n ymddangos mewn trefn gronolegol, o'r 1980au ymlaen;
- yng nghefn y llyfr, ceir nodiadau ar ambell gerdd (unwaith eto, i oleuo'r darllenwyr Saesneg eu hiaith)

Dyma'r tro cyntaf i mi gyflwyno detholiad o'm gwaith yn ddwyieithog, a rhaid cyfaddef i mi deimlo fymryn yn chwithig ynglŷn â hynny. Sydd ar un olwg ddim yn gwneud synnwyr. Dwi wedi ymhyfrydu wrth weld fy ngwaith yn ymddangos mewn ieithoedd eraill yn y gorffennol, o'r Bwyleg i'r Jeinïeg. Be sy'n wahanol am y Saesneg? Wedi'r cyfan, mae'n iaith ryngwladol gyfleus; cyfrwng hwylus i rannu gwaith hefo sawl cenedl. Nac anghofiwn chwaith ei bod hi'n iaith Gymreig; a bod Saesneg ein gwlad hefo'i thinc unigryw ei hun â llawer o'i hymadroddion yn deillio o'n hiaith ni. Ond wrth gwrs, mae Saesneg hefyd yn iaith drefedigaethol ac yn brif gyfrwng darostyngiad y Gymraeg. Dyna sail fy chwithdod.

Ond ar y llaw arall, fedrwch chi ddim denu pobl at y Gymraeg drwy godi wal o'i chwmpas. Gall testun Saesneg ochr yn ochr â'r Gymraeg fod yn ganllaw defnyddiol i'r rhai sydd yn ceisio meistroli'r iaith. I'r sawl nad oes arnynt awydd dysgu, wnaiff hi ddim drwg iddynt gael eu hatgoffa yn gyson, mai o'r Gymraeg y deilliodd popeth sydd yn y llyfr hwn.

Ac er bod y gyfrol hon wedi ei hanelu yn bennaf at gynulleidfa Saesneg ei hiaith, mae yma rywbeth newydd i'r Cymry hefyd. Yn ogystal â'r detholiad o'r pedair cyfrol a gyhoeddwyd gennyf yn y gorffennol, mae 'na ddeugain o gerddi newydd hefyd, sydd heb eu cyhoeddi o'r blaen.

Dyna pam yr oeddwn yn awyddus i deitl y gyfrol fod yn ystyrlon yn y ddwy iaith. Mae 'na grŵp eitha' lluosog o eiriau fel *brain, pump, offer, hurt*, ac yn y blaen, sy'n golygu pethau gwahanol mewn Cymraeg a Saesneg. Mae'r geiriau hyn yn nofio rhwng dau ddimensiwn fel petai; fel yr halen a phupur ar y clawr sy'n nofio, fe ymddengys, yn yr awyr. A geiriau o'r math yma yw *cuddle* a *call*.

Yn Saesneg, mae *Cuddle Call?* yn alwad petrus ar y ddwy iaith i ymgofleidio efallai. Yn Gymraeg ar y llaw arall, mae'r teitl yn gofyn cwestiwn: a yw'r gyfrol hon yn *guddle call?* Ai rhwng y cloriau hyn yw'r lle gorau i gerddi Cymraeg lechu, cyn syfrdanu'r darllenwyr Saesneg?

Trafodwch ... ac beth bynnag yw eich dehongliad o'r teitl, mwynhewch!

Ifor ap Glyn
Mawrth 2018

Introduction

Although individual poems by Ifor ap Glyn have been published in a dozen languages including Polish, Galician, Latvian and Chinese, this is the first time that a more representative selection of his work has been made available in an English translation.

Over the last twenty years, Ifor has been invited more and more often to read to non-Welsh speaking audiences in Wales and further afield. During this time he has amassed a store of translations, so that those audiences can listen to the Welsh, but still understand what is being said.

This present collection contains:

- a selection of short essays in English and Welsh to put Ifor's work into context;
- a main section, where 88 poems and one prose poem appear in translation, side by side with the original Welsh (the poems are in chronological order, spanning thirty years from the late 1980s);
- short end-notes which explain the culturally specific references, or phrases which defy translation!

Words can be deceptive. *Brain, her, hurt,* and *plant* are familiar to readers of English and Welsh alike – but in Welsh these words mean something different – *brain* (crows) *her* (a challenge) *hurt* (stupid) and *plant* (children). It was that enigmatic and ambiguous link between the two languages that prompted the title for this collection – *Cuddle Call?*

In English, it's a tentative call for the two languages to embrace each other more closely, like the cruet set on the cover. The salt cellar mirrors the pepper pot – and yet they're both completely different.

In Welsh, *Cuddle Call?* is 'a clever hiding place'; a repository for Welsh poems perhaps, to smuggle them across frontiers ... or perhaps not, as signified by the question mark!

Only you, the reader, can decide ...

Ifor ap Glyn

Introductory essay

Born in 1961, Ifor ap Glyn is a poet, playwright, historian, producer and current national poet of Wales. He has published four volumes of poetry and has contributed to many anthologies. An active performer, he has taken part on many poetry tours including Cicio'r Ciwcymbars, Dal Clêr, Lliwiau Rhyddid, *and* Dal Tafod. *He is also a member of the Caernarfon team which has twice won the annual poetry knockout competition on BBC Radio Cymru,* Talwrn y Beirdd. *He has represented Wales twice at the Smithsonian Folklife Festival in the USA and has won the Crown at the National Eisteddfod in 1999 and 2013. He was the Children's Laureate for Wales in 2008-9. His first novel,* Tra Bo Dau, *was published by Gwasg Carreg Gwalch in 2016. He is based in Caernarfon, north Wales.*

Ifor ap Glyn was born and raised in London; the fourth generation of his family to live in the British capital. He spent the summers of his youth with his grandparents in Wales, strengthening his command of his mother tongue and his appreciation of the culture which still flourished in the chapels and Welsh societies of London. Having passed his A Level in Welsh Literature (without any formal tutoring in the language), he applied for, and was given a place to read Welsh at Cardiff University.

To understand ap Glyn's work, it pays to have an understanding of the Wales that subsequently shaped him. Ap Glyn began his studies in Cardiff at a time when the mettle of the nation was severely tested. In the 1979 referendum, Wales voted four to one against devolution, a huge setback to the nationalist cause. At this time, the Welsh language pop music scene was particularly vibrant, providing a platform for protest which ap Glyn exploited with his band Treiglad Pherffaith – 'The Perfect Mutation' (with the initial mutation of Perffaith deliberately written incorrectly).

Poetry evolved out of his song-writing. An anarchic singer, he turned into a flamboyant performance poet. In the foreword to his first collection, ap Glyn outlined his aims for a "poetry that was written to be performed ... poetry for the use of the nation. That's what's important". In so doing, Ap Glyn aligned himself, from the outset, with the old bardic tradition; with singing for the people. His poem 'Ciwcymbars Wolverhampton', published in *Holl Garthion Pen Cymro Ynghyd* (1991), was an early crowd pleaser. This poem takes the fact that human beings are made up of two thirds water, and uses it to posit that the inhabitants of Wolverhampton (whose water is supplied by Wales) are therefore just as 'Welsh' as the Welsh themselves.

And so over there in the Midlands
there are ten million forgotten Welsh 'others'
Let's push Offa's Dyke away eastwards
So we can re-link with our brothers.

It would solve our tourism problems
'cos then they'd be living here too.
Powys would reach up to Norfolk
and Gwynedd would finish in Crewe!

Playfully pursuing this theory, he went on to conjecture that cucumbers, being ninety percent water, if grown in Wolverhampton, are more Welsh than the people of Wales, 'yn Gymreicach na'r Cymry i gyd'. Such satirical swipes against received notions of Welsh identity are typical of ap Glyn's irreverent humour.

To borrow historian Gwyn Alf Williams' phrase, Welsh poets have also been people's 'remembrancers'. We see this dual function clearly in 'Cymraeg badge', one of the poems in the collection *Terfysg* (Conflict) (2013) which won him the crown at the National Eisteddfod in 2013.

The wide host of Wales sleep,
with their words in their eyes,
searching in vain
for a badge of permission,
the orange comma of continual discretion
lest anyone be offended.

We pause, as a nation, all together,
holding our breath for too long ...

so let's speak Welsh like a blind man,
make the white language a stick of confidence in our hand!
Revolutionary zest
is the only road to success ...

Poetry in Welsh is political; an act of reaffirmation. Yet, writing in Welsh, ap Glyn's work also needs to address the 80% of the Welsh population whose first and perhaps only language is English – ap Glyn is no stranger to presenting his work with the aid of translation. There is still, however, a common appreciation of the language and its heritage. As his predecessor as national poet of Wales, Gillian Clarke, has noted, Welsh is one of the treasures of Britain: "Like the cathedrals – we may not use them ourselves – but we wouldn't want to lose them".

Waliau'n Canu (Singing Walls) (2011) is a deeply personal and political body of work. The angry young poet is still incensed by the casual and unchecked nature of injustices inflicted both upon his own people and others. However, whilst his early performance pieces had a fiery, punk-like quality, the incendiary work in this volume burns with a deeper complexity; napalm poetry. Though still written to be performed, the collection rewards the reader with further nuances and layers of invention.

In the poem 'Y Tyst' ('The Witness'), ap Glyn references the poem 'Aneurin' by fellow bard, Iwan Llwyd , in a further meditation upon his own commitment to the poet's duty.

> *Instead of making a stand*
> *shoulder to shoulder*
> *and sleeping with light in my eyes*
> *like the others,*
> *I chose to live this nightmare.*
>
> *My song burns within me*
> *dispersing the darkness that I saw;*
> *my song is the brand of Cain on my brow*
> *"He was with them,*
> *but he came back".*

'[T]hem' refers to the three hundred Welsh warriors who, after a year of feasting, set off to fight foreign invaders at Catraeth (modern day Catterick), then part of the Welsh kingdom of Rheged. Their heroic deaths are the basis of the oldest poem in the Welsh language – the 'Gododdin' written by Aneurin in the 6th century. In this, only one person returns from the battle, the poet himself, who is left to sing of their bravery. Aneurin was the original chronicler of his people, a witness of horror who sings on behalf of all. As ap Glyn writes:

... because I was there (...)

At Hillsborough, taking pictures
not hauling victims from the crush;

At Aberfan asking questions
of those that wept
not clawing with my nails in the slurry;

At Mametz Wood, writing to mothers –
"Your son died quick, on a hero's mission
bravely charging an enemy position".
Though I saw him writhing a long while
on death's barbed wire (...)

But yes, I was there at Catraeth,
in every generation's Catraeth.

My song is a Judas on my lips
I'm forced to live with what I saw
and my inability to convey it

I honour the dead with my failure.
I'm forced to live. I'm a witness

There is a certain irony in writing about ap Glyn's work whilst quoting his lines in translation. Ap Glyn himself considers this irony in 'Cyfieithiadau', his own translation of 'Aistriúcháin' by the Irish poet, Gearóid mac Lochlainn. It concerns a poet's thoughts upon performing before a bilingual audience, inferring that bilingualism can lead to compromise and dominance of the other language.

... a man tires
of the ear scratching of listeners,
the monolingual ones that say smugly
"It sounds lovely. I wish I had the Irish.
Don't you do translations?"

Ap Glyn has translated Irish poems, written two trilingual theatre texts, *Branwen* and *Frongoch*, and directed Welsh / Irish co-productions for television. He and mac Lochlainn are of the same mind in viewing language as the codification of a culture; lose a language and you lose more than words; you lose a poet's ability to sing of and for his people.

Ap Glyn's language is rich and reflexive, both of itself and of the constantly challenged minority culture within which it is rooted. The poem 'Ar Ddechrau Tymor Newydd' ('At the Start of a New Term'), questions the effect of tourism upon the people of the Llŷn peninsula, an area in which Welsh speakers are very much in the majority:

Onid nhw sy'n gwneud ein haf?
Ein ffenics pob Gorffennaf
Ai gwegian pan y gwagia
a wnawn? Yr ateb yw "na".

Daw gaeaf. Ond nid gwywo
Yn brudd wna bywyd ein bro.
Cyfnod pan atgyfodwn
Yw'r gaea' ym Morfa, m'wn.

(Do they not make our summer?
Our phoenix each and every July.
Do we ache when they leave?
The answer is "no".

The winter comes. But our lives
in these heartlands do not die
winter is a time when we arise
again in Morfa).

This poem is written in *cynghanedd*, a strict, centuries-old system of alliteration and internal rhyme, deriving from the performative nature of early bardic poetry. Whilst the majority of ap Glyn's work is *vers libre*, the influence of these stricter forms can be seen nonetheless to infuse and enrich his free-flowing, taut and humorous verse. This poem's sentiment, for a Welsh speaker, is akin to that contained within the anthem 'Yma o hyd' ('We are still here') sung by the singer / songwriter Dafydd Iwan; 'Despite everything and everyone, we are still here'.

Ap Glyn's poetry is a poetry that strives for freedom; both personal and political. It simultaneously entertains and demands action of the people; the act of social conscience. Ifor ap Glyn chooses the path of the witness, and Wales is a better place because he sings for it.

© Ian Rowlands for The Poetry Society

'Manifesto'

When it was announced on March 1st, 2016, that I was to be the next National Poet of Wales, I received some media enquiries asking whether I had a 'manifesto' for what I hoped to achieve in the post. I had to say that I didn't; that I hoped to grow into the role; and that I hoped to follow where my predecessors had led, as proud ambassadors for Welsh literature, in all its forms.

At about the same time, I was also invited by a Fleet Street journalist to 'discuss some of the complexities of Welsh identity in contemporary writing'. As that has some bearing on the poems that follow, here is a synopsis of the piece. It is, I suppose, a manifesto of sorts!

We live in a world of plural identities – and Wales is no exception.

I live in Caernarfon. The young man who runs the mobile phone shop is Indian, the guy from the Baptist church is from Tennessee, my children's swimming instructor was Chinese – but what makes this different to other parts of Britain, is that we all speak Welsh.

So, the first and most obvious thing to say about Welsh literary identity is that it's mediated through two languages. Readers of these pages will undoubtedly be familiar with Dylan Thomas and R.S. Thomas, Gillian Clarke and Owen Sheers. They are less likely to be familiar with the works of Caradog Pritchard, Caryl Lewis or Menna Elfyn, just some of the major figures on the Welsh language literary scene.

Around one per cent of the population of Britain use Welsh on a day to day basis, some 600-650,000 people, if we include the Welsh diaspora. And if that doesn't sound like a lot of people, it's worth remembering that the population of

Iceland is less than half that number, and Icelandic literature is thriving.

There's something of a buzz in the world of Welsh language writing, old traditions infused with a new energy. Welsh poetry has retained its social function to a greater extent than in other parts of Britain, with weddings, funerals, and birthdays more likely to be marked by poems. This links us to the earliest Welsh poetry from 1500 years ago, praising the generosity of chieftains in life and the bravery of warriors in death. Welsh poetry is still valued as entertainment too; one of the longest running programmes on Welsh radio is the *Talwrn* (Cockpit) a knockout competition for teams of poets. And as any visitor to the Eisteddfod knows, we like to make a show of crowning and chairing two of the best poets each year.

The Welsh language novel is enjoying a renaissance too. When discussing literary identity it's sometimes assumed that you need to be writing about particular subjects, or with a particular approach, in order to qualify. (Does it matter anyway, if it's a good novel?) One of the paradoxes of writing in the Welsh language is that you can write about anything you like and sidestep these questions of identity. William Owen Roberts has set recent novels in Petrograd and Paris; Gareth F. Williams's *Awst yn Anogia* (August in Anogia) was set on a Greek island in wartime. Their work is international in scope; but, its medium makes it Welsh too.

Interesting anomalies of identity can arise however. One of the most exciting additions to the ranks of Welsh novelists in recent years is Jerry Hunter, an American who, like a latter day Joseph Conrad, was in his twenties before he learnt the language. His novel *Ebargofiant* (Oblivion) was a bold experiment in language itself, set in a post-apocalyptic future.

Perhaps something similiarly innovative is needed to bring the two literatures of Wales closer together. As someone who writes in Welsh, my relationship with English is complicated – it feels like three languages in one. Firstly, it's a Welsh language, the sole language of many of my fellow Welshmen and women, with its own unique structures and colour; secondly, it's an international language, a means to share ideas with millions across the world. But it's also a colonial language; and one that still poses a threat to the future of Welsh.

In his masterly analysis of the two literatures of Wales, "Corresponding Cultures", critic M. Wynn Thomas stated:

> Before Wales can fully know itself for what it is, it must confront, acknowledge and carefully consider its bilateral character.

As the next National Poet of Wales I will continue to grapple with that challenge, as I help promote writing in both languages and respond through my own work in Welsh. Wales has been dealing with issues of integration since before the Industrial Revolution – and who knows, perhaps we have experiences we should share in both languages, and on both sides of Offa's Dyke."

1.3.16

Thoughts on translation

Translation was a random act for me until quite recently. Why translate this poem, and not that one? Looking back over thirty years' work, I'm not always sure why! However, since being appointed Bardd Cenedlaethol Cymru / National Poet of Wales in May 2016, I've made a more consistent effort to make my work available in translation.

Most of the poems in this collection have been translated by myself, but I am very grateful to the poets and translators whose work also appears here – Nigel Jenkins (NJ), Clare Potter (CP) and Geraint Løvgreen (GL).

Some believe that a poet should never translate his or her own work. Poems become naked in translation. Teasing apart meaning and artifice sometimes reveals faults – what another translator might refer to more kindly as 'challenges in the original'. The poet who translates his or her own work must be more critical – but he or she can also be more creative.

Perhaps I have been too 'creative' with some of these translations – but that raises the question, 'how accurate should a translation be?' If you ask a Welsh creative writing class to translate an English translation of a poem back into Welsh – will they arrive back at the original? Almost certainly not. (I know, because I've tried it!)

Are translations trustworthy then? 'By their fruits ye shall know them'. If you engage with translation to make your work known to a wider audience, that is how you will be known in the target language – by the translation, not the original. So, translation is not just an act of trust between poet and translator, and between translator and reader; it must be an act of poem-making too.

In translation, there are always trade-offs and

compromises. Meaning, music and tone – all need to be safeguarded, but seldom can they be satisfactorily reproduced. And then, there are the keywords like *bro* and *iaith* with their layered meanings, brittle as filo pastry, which flake away during translation.

But still we try! Translating is like writing history – it should be contested and discussed, finessed but never finished. That would be the ideal scenario. However, as with history, one version usually prevails. And, for better or for worse, that is what is offered here.

Ifor ap Glyn
March 2018

1986-91

o/from

Oll Garthion Pen Cymro Ynghyd
(All the crap from a Welshman's Head)

Neijal

*(Mae dywediad gan y Gwyddelod, 'Is fearr Gaeilge bhriste ná
Béarla cliste'. Gellid ei addasu i'n hiaith ni fel hyn:
'Gwell Cymraeg slac na Saesneg slic'.)*

"Paid sefyll yn rhy agos at y ddresal Neijal,
ti'n ysgwyd y llestri gleision –
maen nhw'n greiria Neijal.

Hel dy facha budr o'r *Cydymaith*, Neijal,
'dan ni'm isio hoel dy fysedd
ar y geiria, Neijal."

"'O ble wyt ti'n dod? Neijal!
Ti'n merwino fy nghlustia hefo'r fratiaith 'na, Neijal.
Mae'r 'dod-o' wedi marw, i fod, Neijal,
neu wyt ti'n gwybod rhywbeth dwi ddim, Neijal?
Dos allan o 'ngolwg i Neijal!"

A rŵan yng ngwaelod yr ardd,
mae'n sefyll yno'n treiglo,
mae'n syllu ar y rhiwbob tra'n ymarfer priod-ddulliau.
Ni bydd llwch Cymreictod yn hir ar ei droed
er bod Neijal dim ond yn ddeuddeg oed,
mae'n ddigon hawdd dweud ...

"ond wedyn be fedar rhywun wneud
hefo hogyn fel Neijal?"

Collwyd sawl Neijal, ar awr ein gwir angen ...

"ond gwell iddynt droi'n Saeson
na chael treisio ein cystrawen!"

Neijal

(The Irish have a saying, 'Is fearr Gaeilge bhriste ná Béarla cliste'.
It could be rendered thus in Welsh:
'Better slack Welsh than slick English'.)

"Don't stand too close to the dresser, Nigel,
you'll shake the willow pattern,
they're heirlooms, Nigel."

"Get your filthy paws off the Who's Who, Nigel,
we don't want your fingerprints on the words, Nigel"

"Whence do you come, Nigel?
You grind my ears with your slovenly speech, Nigel.
The dod-o is dead,
well, supposed to be, Nigel
or do you know something I don't, Nigel?
Go out and play, Nigel!"

And now at the bottom of the garden
he stands alone, "mutating"
staring at the rhubarb
as he practises everday phrasing.
The dust of Welshness will not rest on his shoes, truth be told
even though Nigel's only twelve years old ...

"But what can you do with a boy like Nigel?!"

Many Nigels are cast aside and lost
as we go under the hammer

"But it's better that they become Englishmen
than let them deflower our grammar!"

Ciwcymbars Wolverhampton

Gwnes ddarganfyddiad brawychus
a'm gadawodd yn gwbl syn;
mae ciwcymbars Wolverhampton
yn Gymreiciach na'r bobol ffor' hyn!

Darllenais i'r peth yn y papur,
cynhyrfais yn lân reit drwydda'i,
roedd y peth yno'n glir, mewn du a gwyn
a dyw'r Sun ddim yn un am ddeud c'lwyddau.

Rhyw fodio'n ddiniwed yr oeddwn
rhwng pêj thrî a thudalen y bets
pan ddarllenais i fod ein cyrff ni
'fath 'nunion â cemistri sets!

Rôn i'n meddwl mai esgyrn a pherfedd
fu gen i tu mewn i erioed,
nid rhyw calcium, potassium
carbon a dŵr – a haearn hyd yn oed.

Ie, rhywbeth fel dur ydi cariad pur,
ond mae haearn go iawn gan bob dyn
ac mae haearn ym mynwes pob dynes
(a silicon ym mrest ambell un)

Er bod gennym lot fawr o haearn,
'dan ni 70 y cant yn ddŵr!
(Pam dyw'r dŵr ddim yn rhydu'r haearn?
– dyw'r gwyddonwyr ddim yn siŵr)

Wolverhampton Cucumbers

I made an amazing discovery
it was just like a belt on the ear;
the cucumbers of Wolverhampton
are Welsher than folks from round here!

It's something I read in the papers
I couldn't believe my eyes.
But there it was clear – in black & white
– and The Sun's not a paper that lies.

There I was casually flicking
from Page 3 to check my bets,
when I saw in this piece that our bodies
are just like huge chemistry sets!

I thought I had bones and intestines
inside me, I couldn't conceive
of calcium, potassium, water and carbon
and iron would you believe?

True love they say, is just like steel
but all men have iron in their chests,
and women have iron there also
(Some even have silicon breasts)

Although we've a fair bit of water,
we're 70% H_2O
(So why's the water not rusting the iron?
The scientists just don't know)

Ie, mae 70 y cant o bob un yn ddŵr ...
Wel, dyna i chi ffaith!
Galwyni o Gwm Elan wyf
yn slochian ar fy nhaith.

'Wan, dyw'r bobol yn Bilston a Handsworth
ddim yn swnio fel Cymry bid siŵr,
ond maen nhw'n yfed y dŵr o Gwm Elan
ac maen nhw'n 70 y cant yn ddŵr!

Cymry pibell os nad Cymry pybyr
yw'r rhain; mae'r Cyfrifiad yn rong:
cans Cymry o ddŵr coch cyfa'
yw pob Leroy, pob Singh a phob Wong.

Mae deng miliwn o Gymry eraill
yn y Midlands; onid yw'n hen bryd
i wthio'r ffin nôl tua'r dwyrain
i gynnwys ein brodyr i gyd?

Basa'n ddiwedd ar broblem twristiaeth
gan y basan nhw 'yma' yn byw;
basa Powys yn estyn at Norfolk
a Gwynedd yn gorffen yn Crewe!

Brawdoliaeth fawr yn darllen y Sun,
yn rhannu'r un gelyn ac eilun.
Dio'm ots gen i fod yn gydradd â'r Sais
... ond wna'i ddim fod yn ail i lysieuyn.

70% of our bodies are water;
it's a fact you can't gainsay –
I'm gallonfuls of Cwm Elan
as I slosh along my way.

Now the people of Bilston and Handsworth
don't sound like Welsh people, I know,
but they drink water from Cwm Elan,
and they're 70% H_2O ...

They're Welsh, "but not as we know it Jim"
in fact, the Census is wrong.
They're Welshmen of the first water;
each Leroy, each Singh, and each Wong.

And so, over there in the Midlands
there are 10 million forgotten Welsh "others".
Let's push Offa's Dyke away eastwards
so we can re-link with our brothers.

It would solve our tourism problems
'cos then they'd be living here too –
Powys would reach up to Norfolk
and Gwynedd would finish in Crewe!

A great fellowship of Sun readers;
allegiance together we'd pledge ...
Being equal to the English is one thing,
but I won't "second fiddle" to veg.

Achos wedyn fe ddaeth y dadrithiad.
Roedd y papur hefyd yn crybwyll
be sydd mewn llysiau a phethau byw eraill ...
fel y ciwcymbar bondigrybwyll!

Er bod lot fawr o ddŵr ynom ninnau,
mae gan giwcymbars 90 y cant!
Mae ciwcymbars Wolverhampton
yn Gymreiciach na ninnau a'n plant.

Felly, os daw rhyw benbwl haerllug
a chyhoeddi yn dalog i gyd,
"Dwi'n fwy o Gymro na chditha'"
paid bygwth "Tisio stid?"

Jest gwisga ryw wên fach wybodus,
dwed wrtho "Dyw hynny'n ddim byd –
mae ciwcymbars Wolverhampton
yn Gymreiciach na'r Cymry i gyd!"

Because that's when disillusion set in.
The paper went on to number
the constituent bits of fruit and veg.
including the cu-bloody-cumber!

Although we've a fair bit of water,
cucumbers have ninety per cent-
thus, Wolverhampton cucumbers
are Welsher than people from Gwent!

And so, if some cocky bugger
confronts you with something like this:
"I'm more of a Welshman than you are!"
don't spank him for taking the piss,

no, just put on your most knowing smile
and tell him: "Don't make such a fuss:
the cucumbers of Wolverhampton
are Welsher than all of us!"

(NJ)

Vindaloo

Rho i'th safn y saig llafnog – i brofi'r
llosgi braf hirhoedlog;
a sut beth ar sêt y bog
drannoeth, yw cachu draenog ...

Vindaloo

Put in your mouth the bladed savoury;
experience its longlasting burning vagary ;
and what it is on the seat of the bog
next day, to shit a hedgehog.

I wallt John (1988)

Uffar o beth ydi moeli
pan fo dyn yn cribo'i wallt yn D.A.
Mae'r snaps pumdegol wedi'ch dal chi
ar ddwy goes cadair ryw amser te,
yn gwenu cyn fy ngeni,
a Woodbine rhwng eich gwefusau'n
pwyntio'n amrwd am i fyny,
a'ch gwallt ...

eich gwallt yn faich o wallt rebel,
yn drymlwythog o Frylcreem
yn sarrug godi, yn don ar dorri,
allan uwch eich talcen
ac yn ôl yn llanw llyfn, dyfn, du
dros gefn eich pen.

Erbyn hyn mae'n wythdegau hwyr
a'ch talcen wedi tyfu;
newid ei liw a newid ei le
wnaeth eich D.A.
gan adael y trwyn cwch herfeiddiol du
yn llongddrylliad llwyd,
a'r gweddillion gwatwarus o wallt
yn codi fel asennau llong
yn sownd yn y traeth.
Dangosant siap y gogoniant a fu
a'ch penglog yn amlwg o dani;

ond mae'r sigaret yn dal i ddawnsio
yn danglo am i lawr
o ochr eich gwên bwyllog,
na welwn mor aml yn awr ...

To John's hair (1988)

Balding's a hell of a thing
when a guy combs his hair in a D.A.
Those fifties' photos
caught you one tea-time on two chair legs,
beaming before I was born,
the Woodbine between your lips
pointing crudely to a new dawn,
and your hair ...

a heavy head of rebel hair
loaded with a slick of Brylcreem,
surly rising, like a wave curling
out above your forehead and flooding
sleek, deep and dark
back over your crown.

Now it's the late eighties,
and your forehead expands apace,
your D.A.
has changed colour and changed place,
that bold jutting prow of black hair
is now a shipwreck greying,
the remnants rising
like ship's ribs stuck in the strand,
showing the shape of the former glory
as the skull beneath tells a different story.

But the cigarette still dances,
dangling from the side of your quiet smile
that we still see, every once in a while ...

1992-98

o/from

Golchi Llestri mewn Barmitzvah
(Washing Dishes at a Barmitzvah)

Rhyw ddydd

(i Gruffudd yn ddeg mis oed)

Ryw ddydd,
pan fyddi'n gwybod y gwahaniaeth
rhwng bwyta dy ginio
a'i wisgo,
pan na fydd angen fy nwylo i dy sadio,
fe wnawn ni syrffio ben byrdda
yn *Burger King*, Mosgo.

Ryw ddydd,
fe wnawn ni groesi'r afon draffig
sydd yng Ngh'narfon ganol ha,
drwy lamu o do car i do car
(gan osgoi, wrth gwrs, y *soft tops*
a'r faniau hufen ia)

Ryw ddydd,
fe wnawn ni ganu deuawda
i lenwi het ar bafin
yn *Lios Dúin Bhearna*.

Ryw ddydd,
pan fyddwn ni angen amgenach nod,
fe gerddwn wysg ein cefna
bob cam i ben yr Wyddfa,
er mwyn i ni gael gweld
o ble 'dan ni 'di dod.

Some day

(for Gruffudd, aged ten months)

Some day,
when you know the difference
between eating your dinner
and wearing it (like tonight)
when you no longer need my hands
to keep you upright,
we'll surf on Burger King's tabletops
in the Moscow twilight

Some day,
we'll cross the river of traffic,
in Caernarfon's summer jams;
by leaping from car roof to car roof
(avoiding of course the soft tops
and the ice cream vans)

Some day,
we'll sing duets together
to fill a hat on the pavements
of Lios Duin Bhearna.

Some day,
when we need a loftier aim to drive us on,
we'll walk backwards
every step of the way,
to the top of Snowdon so we can say
that we've seen
where we come from.

Ryw ddydd,
fe wnawn ni siarad hefo genod del mewn pybs
a deud bod ni'n hyfforddi morloi,
neu'n gwneud *tutus* i'r *Bolshoi,*
neu'n cynllunio'r cyrtens newydd
i garchar *Wormwood Scrubs.*

Ryw ddydd,
pan fyddi'n hŷn,
a minnau heb heneiddio,
fe wnawn y pethau hyn, a mwy –
be bynnag sy'n gwefreiddio!

Ryw ddydd,
a ninnau'n dal i geisio pontio
gagendor cenhedlaeth gron,
tybed a ddeui di ataf a gofyn,
yn syn,
"Hei Dad! Ai chi sgwennodd hon?!"

Some day,
we'll say that we train seals,
when we chat up girls in pubs,
we'll say we make tutus for the Bolshoi,
and the curtains for Wormwood Scrubs.

Some day,
yeah, some day,
when you're older, and I'm not over the hill,
we'll do all these thing and more,
whatever gives us a thrill.

Some day,
from opposite sides of the generation gap,
when we're still trying to bridge that abyss ,
will you, I wonder,
ask me in awe,
"Hey Dad; did *you* really write this?!"

Gwahanu

Un tro, tra'n ei gwatwar hi,
gwyliais ei gwep yn gwelwi;
ein byd ni a'r 'nabod noeth
a rannwyd gan air annoeth.

Clywais ei llais yn lleihau
yn ddigri, cyn troi'n ddagrau,
sŵn od yn atalnodi
y nos a ddaeth rhyngom ni;

gair dwl, carbwl, hanner call
yn ddiwedd ar gyd-ddeall;
un gair gwamal yn chwalu
mor fân y muriau a fu.

The split

Once, when I was ragging her
I saw her face grow paler;
our world of naked knowledge
cleft by one word, like a wedge.

I heard her voice growing small
and weird before the tearfall,
an odd sound that punctuated
the dividing dark ahead.

One daft, mixed up, half-baked thing
ended our understanding;
one unmeant word that bulldozed
and razed the walls that once rose.

Cegin Gareth Ioan

11.12.83

Blynyddoedd y blodau, medden nhw,
oedd biau'r ddelfrydiaeth fawr, a'r weledigaeth fawr,
ynglŷn â'r waredigaeth fawr
a roddai inni ein Cymru Rydd Gymraeg.

Ond roedd gennym ninnau,
blant pync, plant y pinnau cau,
roedd gennym ninnau'r ddelfryd hefyd,
roedd y peth dal yn bwysig ac yn bosib
ym mlynyddoedd materol y blaendwf Thatcherol

... nes cyrraedd cegin Gareth Ioan,
wedi noson beintsmynych yn London House, Crymych
a thafodau'n blodeuo, a'r cwrw'n egino,
cyn mynd nôl i dŷ oer a'r hwyl yn edwino
a cheisio mwytho'r *craic* oedd ar ôl
o dri can o Felin-foel,
gwrthod gadael i'r afiaith gilio,
nes godro'r tropyn ola ohono.

Roedd hi'n oer y noson honno
a ninna mewn cotia
o gwmpas Aga,
oedd yn methu gwrthweithio
noson Llywelyn o Ragfyr rhewllyd,
y cymylau'n rasio, a'r sêr yn syrthio ...

Gareth Ioan's kitchen

11.12.83

The flower power years, so they say,
had the monopoly on the wide screen ideals,
the one true way,
the sure deliverance that would drop us at the entrance
to Free Welsh-speaking Wales.

But we also had that dream,
we, the progeny of punk
the sons of the safety pin:
it was still possible and empowering
in the materialist years
of Thatcher's first flowering,

that is, till I got to Gareth Ioan's kitchen,
after a multi – pint night in Crymych's finest pub,
where tongues flowered and beer put forth shoots,
before going back to a chilly shack,
with the *hwyl* dying in its boots,
despite trying to nurse more *craic*
from the three cans of Felinfoel we'd kept back,
holding on to how we'd laughed
until we'd swigged the night's last draught.

It was cold that night;
we sat in topcoats, hugging the Aga
unable to dechill the freezing December
of a last prince's last night,
its clouds racing, and its stars sinking ...

Ac roedd hi'n dlawd arnon ni'r noson honno,
Alff yn gwneud tric y dorth a'r sgodyn
hefo owns o sbageti, a hanner nionyn,
ac albym gynta'r Maffia, uchafbwynt blwyddyn,
ar Dansette ar y llawr,
yn cael ei throi bob hanner awr,
fel stecsan gyndyn ...

A'r sgwrs yn dilyn trywydd naturiol
(os bogeiliol)
i griw o Gymry cydwybodol,
sef, iaith, mewnlifiad, a ffigurau'r Cyfrifiad ...

A dyma ni'n cymharu'r plwyfi mor hawdd,
fel Llanfair isgaer a Charon uwch clawdd,
fel 'tai penio'r stadegau rhwng ein gilydd
yn eu cadw'n yr awyr rhyngom ni rywsut.

Tri can o Felinfoel oedd ar ôl,
fel trysor yn ein dwylo yn iro'r sgwrs,
ond y noson honno wrth gwrs,
y gwawriodd y gwirionedd
a 'nghalon i'n gorfod agor y clo
ar yr hyn fu 'mhen i yn amau ers tro.

Tydi hi ddim yn mynd i ddigwydd ...

Oerodd fy nghalon
yng nghegin Gareth Ioan ...

And we were poor that night;
Alf drummed up a loaves and fishes concoction,
from an ounce of spaghetti and half an onion
whilst we played the Maffia's first LP,
the highpoint of 1983,
on a Dansette on the floor
turned over every half hour for more
like a reluctant rumpsteak ...

and the conversation took a natural turn,
for we were consenting Welshmen
(albeit tinged with introspection);
we talked of the language;
immigration; all that census baggage ...

and we contrasted the parishes so freely;
Caron uwch clawdd and Peterston super Ely,
as if heading the stats from one to another
kept them airborne, somehow or other ...

We had but three cans of Felinfoel remaining,
a treasure in our hands, lubricating
our apocalyptic chat,
and it was on that night that
the terrible truth dawned,
as the keys of my heart connected
with something my mind already half suspected;

It's not going to happen ...

And that's where
my heart was chilled bare,
in Gareth Ioan's kitchen ...

Iaith cyllall ffrwythau

"Ydi barddoniaeth yn dod rhwng beirdd a'u teimladau?"
– Brendan Kennelly
"Shrada Gymraeg cont, duda rwbath dan ni'n ddallt"
– anhysbys; gig Ship & Castle 1994

Mae 'na iaith yn y dre
sy'n iasol,
sy'n ailadroddus o bwrpasol,
sy'n gwneud pwynt drwy adael pantia,
iaith sy'n tolcio'r clustiau.

Dyma Gymraeg y di-lais
sy'n darllen barn Sais yn y *Sun*
yn hytrach na Simon Brooks yn *Barn.*

Dyma iaith y sawl a gododd y rownd ddwytha;
dyma iaith mwrthwl lwmp
nid iaith cyllall ffrwytha.

Weithiau, pan fo beirdd ar ganol eu hamleirio,
eu trwy-feic-fytheirio, a'u goransoddeirio,
daw'r iaith a'u mygio nhw ar ganol tafarn,
yn gaboledig ailadroddus fath â twlsyn trwm,

"Hei cont – ti'n sbio arna fi?
hei cont! Ti'n sbio arna fi?!
Ti'n meddwl mai chdi bia fi neu rwbath?"

gan eu gadael yn sglyfath,
yn gegrwth, a'u trwynau'n waed,
a'u cerddi fel dannedd shwrwd
yng nghledrau'u dwylo,
neu yn y llwch dan draed ...

Why do we speak with fruit-knived tongues?

"Does language come between poets and their feelings?"
– Brendan Kennelly
"Oy, wanker! Say summink we can understand!"
– audience member in pub gig, 1994

There'a a language in our town
that's thrilling, repetitively chilling,
it makes its points in blunt blows,
a language that dents your lugholes.

This is the Welsh of those without voice
who read the opinions of a Sais in the *Sun*
rather than Simon Brooks in *Barn*.

It's the argot of those who got "the last round in, on my life",
the language of the lump hammer
not the language of the fruit knife.

Sometimes, when bards are in mid verbosity,
at full mike velocity and excess adjectival precocity,
the language comes over
and mugs them in the middle of the pub,
with the polished repetition of a heavy hammer,

"Oy wanker, you lookin at me?
Oy wanker, you lookin at me?!
You fink you own me, or summink?"

and leaves them broken like prey,
open mouthed, their noses bust
and their poems like broken teeth
in the bloody palms of their hands,
or underfoot in the dust ...

Fy mrawd

Mae 'mrawd o dan yr argraff
fod o'n ddarn o fara brith;
mae 'na gyraints yn ei boced
a syltanas rif y gwlith.

Mae'n cythru am y dresal
pan ddaw ffrindiau draw am bryd;
mae'n estyn rhes o blatiau
ac yn gorwedd ar eu hyd.

Dwi wedi holi'r doctor
ond dyw yntau ddim yn dallt,
pam fod briwsion yn ei glustiau
a menyn yn ei wallt.

Er bod fy mrawd yn un reit od,
mae o yn llawer haws
i'w drin, na 'Nhad sy'n rêl dw-lal
– mae yntau'n frechdan gaws!

My brother

My brother really reckons
he's a slice of bara brith;
he's got currants in his pockets
and sultanas in his teeth.

He rushes for the dresser
when friends come round to call,
he sets a row of tea plates out
and lies across them all!

I've asked our doctor for advice,
but he doesn't seem to care
that there's cake crumbs in my brother's ears
and butter in his hair.

Although my brother's pretty odd
he's easier to manage
than our old man, who's *really* weird;
he reckons he's a sandwich!

1999-2001

o/from

Cerddi Map yr Underground
(The Underground Map Poems)

Map yr Underground

Mae pob plentyn yn Llundain yn gwybod sut
mae'i enaid wedi weirio,
am fod lliw i bob lein
a lein i bob llwyth ...

Dyma Songlines Llundain:
pedair cainc ar ddeg chwedloniaeth y ddinas
a'u cledrau'n canu am yr hen amser
pan dynnwyd yr enfys dan y ddaear.

Mae atsain sodlau lawr twneli'r nos
yn adrodd Mabinogi'r Northern line,
yn disgyn yn ddu i Annwn De Llundain.

Mae pob chwa o wynt o flaen trên
ar rimyn melynwy'r Circle line
fel angerdd gwyrthiol y Pair Dadeni,

ond marŵn y Met line oedd yn llywio
eneidiau blin ein llwyth Llundeinig ni,
ar ein teithiau Arthuraidd dyddiol,
tua Greal Sanctaidd ymddeol.

Dyma Songlines Llundain ...

Yma'n blentyn y dysgais gyfranc y creu,
hen gof y sybyrbs;
sut y daeth y grawn unnos o grescents
ac avenues, a views
i guddio'r caeau,
sut y daeth y traflyncu mawr ...

The Underground Map

Every child in London
knows the wiring diagram of his soul,
because each line has its colour
and each tribe has its line ...

These are the Songlines of London:
the fourteen branches of the City's Mabinogi
and their rails sing of a time before my birth
when the rainbow was drawn beneath the earth.

The echo of stilettos down the tunnels of the night
recount the legend of the Northern line
and its black descent to a South London Hades.

Each breath of wind before the train
on the egg yolk rim of the Circle line,
is healing steam from the Cauldron of Rebirth ...

But it was the Met. Line's maroon
that guided the tired souls of our London tribe,
on our daily Arthurian movement
towards the Holy Grail of retirement.

These are the Songlines of London ...

Here as a child
I learnt the creation myth,
the folk wisdom of the suburbs;
whence came the mushrooming
of crescents, avenues, and views;
whence came the great swallowing of land ...

Yma'n blentyn y dysgais ddefodau'r llwyth;
trwy wylio henaduriaid platfforms y Met
yn cul-blygu papur newydd
ac yn hela seti ...

Yma'n blentyn, cefais hefyd grwydro
yn Biccadilly o las,
neu'n Jubilee o lwyd,
er mwyn gweu fy chwedlau fy hun.

Y twneli amryliw ymroliai dan ddaear
oedd yn clymu fy ffrindiau a mi ynghyd
eu lliwiau oedd cyfrwng cyfeillach ein byd ...

"ac mae'u cledrau'n canu am yr hen amser ... "

Dwi yma ar blatfform heno, yn unig yn y dyrfa,
fel dyn o Batagonia yn siarad iaith gyrliog,
yn ceisio hawlio Llundain nôl
wedi hanner oes oddi wrtho ...

Daw trên, ac mae'i ddrysau'n hisian gau,
ac wrth i'r Llundain yn 'y mywyd fynd yn llai,
wrth golli gafael ar yr hen straeon,
daw'r map hwn yn ddrysfa, yn drysor, yn eicon,

a'i liwiau cyfrodedd yn gymorth i 'mysedd
ymbalfalu – gofio
sut mae f'enaid Llundeinig wedi'i weirio.
Am fod lliw i bob lein,
a lein i bob llwyth ...

And here as a child I learnt the rituals of the tribe
by watching the elders on the platforms of the Met.
as they narrow-folded their broadsheets
and hunted their seats ...

And here as a child I also had leave to wander
blue as Piccadilly,
and grey as Jubilee,
so I could weave my own hero-tales.

These multi-hued tunnels beneath the earth unfurled
linked my friends and me together;
their colours the medium of friendship for our world ...

"... and the rails sing of a time before my birth ..."

I'm on a crowded platform this evening
a one man diaspora
(like a man from Patagonia speaking a curly tongue)
trying to reclaim London
after half a lifetime away ...

A train comes, and as the doors hiss shut, I guess,
as the London in my life gets less
as I lose my grip on the old recollections,
this map confuses, yet enthuses, it's my icon,

and its twist of colours help my blind-feeling fingers
to remember how my London soul is wired.
Because each line has its colour
And each tribe has its line ...

Cymraeg Llundain

(gyda diolch i R.S.Thomas)

(Rhwng 2000–2015 bu'r Ysgol Gymraeg yn Llundain yn rhannu safle hefo Ysgol Stonebridge, lle mae 27 o ieithoedd gwahanol yn cael eu siarad gan y plant. Mae'r adeilad hefyd ond tafliad carreg o'r prif lein i'r Gogledd)

Mae trenau o fa'ma'n dyrnu mynd tua'n gwlad,
ond y Bakerloo sy'n rhedeg
fel trydan trwy'n hiaith, ni'r plant.
'Mond trenau lleol sy'n stopio fan hyn
ac felly daw'r Gymraeg i Stonebridge,
iaith rhyw ddeuoliaeth
nad adwaenwn fel deuoliaeth ...

Nid deilen yn disgyn mewn coedwig ddiglustiau,
nid esgyrn eira rhyw oes a fu,
nid trydar gwenoliaid a hithau'n nosi,
nid sŵn un llaw'n clapio, mo'r iaith Gymraeg fa'ma
ond yr hyn sydd yn normal i ni ...

... waeth be mae Whitehall yn honni.

Ni yw'r glaswellt yn ei gynddaredd
dan styllod sglein yr Adran Addysg:
ni yw'r deugain miliwn dwyieithog
yn blera ffiniau gwladwriaethau Ewrop;
ni yw'r lleiafrifoedd llafar
yn adfeddiannu'r ddinas
oedd unwaith biau'r byd,
yn creu byd newydd i'n hunain
achos bellach y byd biau Llundain ...

The Welsh language in London

(with thanks to R.S.Thomas)

*(Between 2000–2015 the Welsh School in London shared premises
with Stonebridge School where 27 different languages are spoken.
The building was a stone's throw away from the main line
to North Wales.)*

The trains from here thunder home to Wales,
but it's the Bakerloo
that courses like quicksilver
through the Welsh of us kids.
Only local trains stop here
and it's thus our language alights at Stonebridge,
the badge of a duality
we don't wear as duality ...

It's not a leaf falling, in an unhearing forest,
it's not the last snow of yesteryear,
nor the twittering of swallows at twilight massing,
it's not the sound of one hand clapping,
Welsh just comes naturally to us ...

... however much Whitehall might fuss.

We are the grass raging
beneath the polished parquet of the Ministry of Education;
we are the bilingual forty million
blurring the state boundaries of Europe;
we are the unsilenced minorities,
repossessing the city that once owned the world,
creating our own brave new world,
because now London belongs
to the world.

Gwerthu'r byd mewn du a gwyn

*(i Ian Clarke, cymar prifathrawes Ysgol Gymraeg Llundain, a thad
Nia. Mae am ddod yn rhugl ei Gymraeg rŵan, meddai "Cos I don't
want my two best gels talkin' about me behind me back, do I?!")*

"... Standard!!"

Yma ar fy stondin unffrwyth
dwi'n gwerthu straeon y dydd;
rhywbeth i gnoi
wrth droi am adra o'r Ddinas
ag ogla newydd ei bobi ar y papur ffres ...

Mae'r gwerthiant yn gyson;
trech darllen na sgwrsio
ar drenau tan-ddaear ...
Mae o'n wal gyfleus,
freeze frame rhwng gorsafoedd,
esgus osgoi llygaid y ffair
wrth rannu gofod
heb rannu gair ...

A 'sgena'i 'misio gwerthu mwy
ar gorn sgandal a thrychineb,
ffrwydrad nwy mewn fflatiau'n Fulham,
crash awyren yn Heathrow ...

Pa les mynd adra â phocedi trymach
a chalonnau pawb yn drymach fyth?

"... Standard!!"

Selling the world in black and white

(for Ian Clarke, partner of London Welsh School's headmistress, Sian, and father of Nia. He wants to get fluent in Welsh now, "cos I don't want my two best gels talkin' about me behind me back, do I?!")

"... Standard!!"

Here on my single fruit stall
I sell the news of the day,
something to suck on
as you head home from the City,
papers fresh with that newly baked smell ...

Sales are consistent;
reading beats talking
on the tube every time ...
It's a convenient wall,
a freeze frame between stations,
an excuse to avoid the crowd of eyes
as you share carriage space
without further ties ...

And I wouldn't want to sell more
on the back of disasters,
gas explosions at flats in Fulham,
airplanes crashing at Heathrow ...

What profits a man to have heavier pockets
and everyone's hearts heavy with grief?

"... Standard!!"

Os wyf innau'n gwerthu'r newyddion
mae'r wraig yn trio'u creu;
droeon yn ystod degawd
bu ysgol *my two best gels*
yn cyrraedd colofnau'r hyn dwi'n ei werthu,
am ei bod hi'n cynnig rhyw egsotica Llundeinig
sy ddim yn cael ei glywed,
rhyw Ulster o stori
fytholwyrdd, ond diniwed,
a chymaint haws i'w ddatrys ...

Basa arian mân cefn soffa rhyw filiwnydd
yn ddigon i roi rhyw gychwyn newydd ...

"... it's cheaper than Snowdun
an' easier to park
inna middle of London!"

A dyna 'ti stori
'swn i'n hoffi ei werthu;
a gwyn ein byd, y missus, y fechan a mi
o weld hwnna'n syn
mewn du a gwyn!!

"... Standard!!"

And while I sell the headlines
my wife's trying to make the news;
many's the time
my two best gels' school
has had column inches
in the paper I purvey,
it's a reliable bit of London exotica
ready to be harnessed,
an Ulster-type story,
evergreen (but harmless),
and so much easier to solve ...

the loose change down the back of a millionaire's sofa
would be enough to give the school all it wished for ...

"... it's cheaper than Snowdon
an' easier to park
inna middle of London!"

Now there's a story
that I'd love to sell you;
in clover we'd be,
the missus, the nipper and me,
to see such a sight
in black and white!!

"... Standard!!"

Wyth milltir yr awr

(Mae llawer o'r teuluoedd sy'n mynychu'r Ysgol Gymraeg yn wynebu teithiau hir trwy draffig trwm, bob bore a phrynhawn, a rhai'n treulio gymaint â phedair awr yn y car bob dydd ...)

Pell o agos yw popeth yn Llundain
(ond o leia mae'r pellter yn cadw ei werth)

Nid fesul milltir mae ei fesur
a thithau'n cropian
ddecllath ar y tro
mewn traffig trwm.
Amser yw pellter yma
ac mae traffig yn traflyncu amser.
Pell o agos yw popeth yn Llundain.

Traffig yw ein tywydd,
ein hiechyd, ein hopera sebon,
yr obsesiwn beunydd sy'n tanio pob sgwrs.
Daw'r lonydd yn fyw
wrth holi am eu hynt,
trafod contraflow,
seiadu am gyfyngiadau cyflymder.

Pan fo lôn ar drafford yn cau
mae gwythiennau'r ddinas yn culhau
yn codi'n pwysedd gwaed ninnau,
ac yn gyrru pellter 'mewn i'n heneidiau,
blygain a gosber ...

Ond mae angen pellter
mewn perthynas hyd bonet
a dyma'r foment drosgynnol ...

Eight miles an hour

*(Many of the families whose children attend Ysgol Gymraeg
Llundain face long journeys every day through heavy traffic, some
having to spend as much as four hours a day in their cars ...)*

Everything in London is close and yet distant
(but at least the distance holds its value)

It's not to be measured in miles
when you're crawling
ten yards at a time in town traffic.
Time is distance here
and traffic swallows time.
Everything in London is close and yet distant.

Traffic is our weather,
our state of health, and last night's soap,
the daily obsessions that start conversations.
The roads come to life as we ask after them,
inquire about their contraflow,
discuss their speed restrictions.

When a motorway lane goes slow,
the city's arteries narrow,
driving our blood pressure skywards,
driving distance into our souls,
at matins and vespers ...

But you need distance
in a bonnets-length relationship
and that's the transcendental moment ...

Cyd-ddyheu yw traffig
a chyd-ddibyniaeth;
ein sagrafen swbyrbaidd,
ein purdan, a'n Haleliwia,
ein ffydd a'n ffordd o fyw ...

Pell o agos yw popeth yn Llundain
(ond o leia mae'r pellter yn cadw ei werth)
ganmlynedd yn ôl, fel yn awr,
symudai'r traffig yn sagrafennol,
wyth milltir yr awr ...

Traffic is a shared longing,
a shared dependency,
our suburban sacrament,
our Hallelujah, our purgatory,
our one true faith and way of life ...

Everything in London is close and yet distant
(but at least the distance holds its value)
Just like today, a hundred years ago,
the traffic moved sacramentally slow,
at eight miles an hour they say.

Y tadau pêl-droed

'Dan ni'n cario'r pyst i'r caeau barrugog,
yn drwsusa tracsiwt a hetiau gwlanog
ac yn gwylio'r gêm mewn rhesi cegog ...

c'laen, Nathan, lladda fo!

'Dan ni'n smentio perthynas trwy arthio'n cefnogaeth,
yn ffyrnig ein cymeradwyaeth,
yn rhedeg ystlys ein rhwystredigaeth ...

be ti'n meddwl ti'n neud, hogyn?!

Mae crysau gwynion ein meibion yn chwythu
nôl a mlaen ar hyd y cae, nes i'r gêm sgwennu
ar bob tudalen o hogyn glân ... a'i faeddu.

ar ei hôl hi, ar ei hôl hi! ... rhy hwyr!

Ac wedi'r chwib ola ar ein cydymgais,
tewi mae'r parti tadau deulais
ac yn cario'r pyst fel croes ein huchelgais ...

da iawn hogia ... ennill tro nesa ...

Ac wrth i'r eira hawlio'r caeau
anodd dweud pwy yw'r diniweitiaid mwya –
hogiau bach y crysau gwyn? – 'ta'u manijars o dadau?

The football fathers

We carry the posts to the frosty pitches
in woolly hats and tracksuit britches,
then watch and mouth off at the game's many glitches ...

C'mon Nathan! Kill 'im!

We're bonding, by bellowing our admiration,
ferocious in our approbation,
... running the touchline of our own frustration ...

Whatja fink yer doin son?!

Our sons' white shirts blow across the park
until the game, like some kind of clerk,
takes each clean-sheet-boy, and leaves its black mark.

Man on, man on! ... too late ...

Final whistle blows on our joint ambition,
it silences the dads' two-part harmony rendition
and we carry the posts, like the cross of our perdition ...

Well played lads ... better luck next time

And as the snow puts the fields under covers,
who are the real innocents? Who claims the honours?
The small boys in white shirts? Or their manager fathers?

Swpar chwaral

Rhyfedd yw archaeoleg prydau bwyd;
roedd ein lluniaeth yn Llundain
yn ffishffingar o gyfoes, fel y llestri ar y lliain;

ond o glirio'r brig, dinoethi'r graig
a saethu hollt trwy haenau hanes,
cawsom bod ni'n dal i weithio'r un hen fargen ...

o ran amser bwyd, fodd bynnag ...

Byddai mam yn ein galw
at ein bwrdd sybyrbaidd am bump,
am mai dyna ddisgwylid gan wraig
i ddyn fu'n trin y graig,

ac mae rhai arferion mor wydn
â'r dytchis a'r ladis porffor
a hebryngwyd o Ddinorwig gynt,

er bod ein teulu wedi hen ddiflannu
o'u bargen cegin lwgu,
a'i throi hi am Lundain,
lle 'roedd y cerrig yn hollti fel sidan.

*   *   *

Rhyfedd yw archaeoleg prydau bwyd;
mae'n bump eto, yng Nghaernarfon 'tro 'ma
ac mae'r llwya'n canu'n frwd wrth grafu'r ddesgil ...
"dach chi'm yn gweithio'n 'chwaral 'wan"
meddai fi ...

Quarry supper

The archaeology of eating's a strange thing;
our lunching in London was fishfinger modern
like the plates on the placemats,

but by just clearing the topsoil,
exposing the rock, and firing a fissure
through the layers of history,
we found we were still working
the same old "bargen" ...

at mealtimes, at least ...

Mam would summon us
for our suburban fare at five,
for that was expected of the wife
of a man for whom the rock was his life,

and some habits are as resilient
as those purple "dychis" and "ladis"
that were ferried once from Dinorwig,

(although our family had long since been driven
from their famine kitchen "bargen"
and decamped to London, where stones of another ilk
could be split like silk ...)

The archaeology of eating's a strange thing;
It's five once more, in Caernarfon this time,
and the spoons keenly sing as they scrape the bowls ...
"Hey!" I say, "you're not in the quarry now!"

Geiriau mam yn Llundain erstalwm ...
geiriau nain yn Llanrwst gynt ...
geiriau hen nain yn Fachwen cyn hynny ...

creiria o eiria sydd wedi para
tu hwnt i ddyddia fy nghyn-dada,
fu'n troi clytia'n grawia
a cherrig yn fara ...

* * *

Rhyfedd yw archaeoleg prydau bwyd;
heno, nôl yn Llundain,
er gwybod dim am glirio baw, na chodi bona,
dwi'n hollti syniada,
a'u naddu ar drafal fy nychymyg,
am fod rhan ohona'i'n llechan borffor o hyd ...

Hyd yn oed heno,
gyda 'ngwallt dosbarth canol
a 'nannadd Beaujolais,

wrth sgythru arferion newydd ar hen lechan,
gwn nad wyf ond pwyriad a chadach pocad
i ffwrdd o fywyd llawer mwy calad ...

Saith deg mlynedd, a dau gan milltir i ffwrdd,
corn chwaral-'di-cau sy'n ein galw o hyd at y bwrdd.

– my mother's words in the London of my youth,
my grandmother's words
in latterday Llanrwst,
my great grandmother's words
in Fachwen before that ...

relic-like words that have outlasted
my forefathers, who once blasted
hewn rock from rough rock
and in the shed, dressed slate into bread ...

The archaeology of eating's a strange thing ...
tonight in London,
though knowing nothing of dirt clearing
and tramway – making,
I still cleave my ideas,
and dress them on my imagination's edge,
because part of me is still purple slate at heart
even tonight with my middle class haircut
and my Beaujolais teeth;

as I scratch new customs on an old school slate,
I know full well I'm just a spit-and-hanky-wipe
away from a much harder kind of life;

seventy years and two hundred miles down the line,
the sound of a closed quarry's hooter
still calls us to table to dine.

Anweledig mewn gig Anweledig

Tydw i ddim yn rhy hen, ond gwlad arall yw ieuenctid
lle mae'r goleuadau'n fflachio'n
gochlas a glasgoch i guriad croch y grŵf.

Cariad at gerddoriaeth sy'n fy nwyn i yma,
fel gwyfyn gaea, a nghyfoedion
wedi hen ymadael â'r fuchedd roc a rôl.
Maen nhw'n dal i wisgo'u jîns,
ond fel arlywydd yn hamddena,

mor wahanol i'r criw sydd yma heno
a'u denims llawn agwedd a hormona ...
ac yn eu plith paraplegic
dwi'n teimlo fel rhyw euogrwydd dwygoes;
nid wyf yn rhan o'u norm ...

felly,
dwi'n suddo lawr at lefel fy mab fenga,
yn bump oed anweledig,
yn erbyn un o'r colofna ...

Yma dwi'n henwr unig mewn storom cyrff,
brenin Llŷr, a'r strapiau bra
yn melltennu'n uwchfioled.

Invisible in a rock gig

I'm not too old but youth is another country
where the lights flash blue-red and red- blue
to a shrill insistent groove.

Love of music brings me here
like a moth in winter; my contemporaries
have long since forsaken a life of rock and roll.
They still wear their jeans,
but like a president in leisurewear;

they're so utterly unalike the crowd here tonight,
whose denims are stonewashed
with attitude and hormones ...
However, in their paraplegic midst,
I feel like guilt on two legs,
I am not part of their norm,

and so I sink down
to the level of my youngest cub,
invisible like a five year old,
crouched against the wall of the club.

Here I'm an old man
young in a storm of bodies,
King Lear in the lightning
of ultra violet bra straps.

Yma dwi'n benhwyad ynghudd
yng nghanol coesau gwymon
ar waelod dawns yr afon,

a phan fo'r gymeradwyaeth
yn fferru'r goedwig coesa,
gwn fy mod i'n gwylio'r
genhedlaeth goll nesa,

yr heb-eto-barchusion
sydd heb eto sylweddoli
na ddôn nhw yma dros eu crogi,
ryw 20 mlynedd o hyn,
pan fydd y mab run oed â nhw,
a nhwtha 'run oed â fi.

Mae'u ffocws yn llwyr ar rywbeth
na fydd yn ffocws toc,
ond siawns wnaiff eu lifrai indigo bara'n
hirach na'u cariad at roc ...

Here I'm a pike,
in the legs of weed hiding
in the river bottom's dancing.

And here, when the applause comes
to freeze this leggy afforestation,
I know that I'm watching
the next lost generation,

the not-yet-respectable
who've not yet realised,
they couldn't be dragged here
twenty years from now,
when my son's the same age as them,
and they're as old as me.

Their focus is still on something
that soon they'll reject en bloc,
but their love affair with denimwear
should outlast their love of rock ...

Noswylio

Mae'n ddefod gyda'r 'fenga 'cw
wasgaru "llwch cysgu"
dros ei lygaid,
cyn eu cau, trwy gribo'r cwsg
i lawr trwy'i wallt
ac yn dyner dros ei dalcen.

Nos da, Dad
nos da ...

Grandawaf ar y plant yn anadlu'r nos,
y pennau bach dan gwrlid
wedi mynd i rywle lle na allwn ddilyn,
ond o leiaf y dôn nhw nôl;
mae sêr rhyw nos dragwyddol
yn britho'u gwalltia,
a'u wyneba fel clocia
yng ngwyll y llofft ...

Mae eu boreau nhw yn bnawn i ni,
a'u pnawniau nhw a wêl ein noswylio ni;
rhyw bnawn Sul tawel efallai,
a'r haul trwy'r bleind yn ystol ddu ar wal fy llofft;
a'r dyrna bach
wedi dod yn ddwylo oedolyn,
fydd yn gwasgaru'r llwch cysgu dros fy llygaid cau,
a'i gribo lawr trwy fy ngwallt brithwyn ...

Nos da, Dad
nos da ...

Settling for the night

It's a custom with my youngest
to sprinkle "sleeping dust"
over his eyes
before closing them,
combing the sleep down through his hair
and tenderly over his forehead.

Good night, Dad,
Good night ...

I listen to our children breathing the night,
their tiny heads under the covers
gone somewhere where we cannot follow,
but at least they will return;
the stars of some eternal night
speckle their hair,
and their faces are like clocks
in the bedroom twilight ...

Their morning is afternoon to us;
their afternoon will see us settled for the night;
one quiet Sunday perhaps,
the sun through the blinds
will raise its black ladder on my bedroom wall;
and the child fists
will have become adult hands,
that will sprinkle the sleeping dust over my closed eyes,
before combing it down through my peppered grey hair ...

Good night, Dad,
good night ...

Y fi yw'r boi hefo'r bol

Dychrynaf, wrth basio fy hun mewn ffenest;
y fi yw'r boi hefo'r bol!

Y fi! – y llefnyn llythrennol yn y ffotos arddegol
na fedrai hyd yn oed wlychu
heb symud o gwmpas mewn glaw!

Dwi'n ffieiddio at y newid
a minna prin hanner ffordd
at oed yr addewid;
bydd isio berfa arna'i,
cyn cyrraedd hanner cant!

Y fi yw'r boi hefo'r bol ...

Dwi'n gwisgo bathodyn y byw bras,
y cwrw mawr a'r koorma hwyr,
ac amhosib yw cuddio logo canol oed
dan labed fy siaced;
troes yn silff ben tân uwch trowsus,
dyma'r bondo a'r bay window dros y belt

Y fi yw'r boi hefo'r bol ...

Yn y bath, mi fedraf ei ddofi,
ei droi yn ynys isel mewn cylch o ddŵr,
moel gron yn ymgodi'n dwt
dan Himalayas fy mhennaglinia

I'm that guy with the gut

I jump, as I pass myself in a window:
Y fi yw'r boi hefo'r bol!

Me! The young rake, (literally):
thin as, in those teen photos,
who couldn't even get wet
without moving around in the rain!

It's disgusting taking this change on board
I'm barely halfway along
the allotted years of our Lord;
I'll need a barrow for when
I hit the three score and ten!

Y fi yw'r boi hefo'r bol ...

I'm sporting the badge of decadent living,
the beery sessions, and then the Indians,
but you can't hide the logo of middle age
under the lapel of your jacket;
it's a mantlepiece over my pants,
a bay window above my belt,
eaves, even

Y fi yw'r boi hefo'r bol ...

In the bath I can tame it,
make it a sandbank in a circle of sea,
a round foothill rising meekly
beneath the Himalayas of my knees

(Y fi yw'r boi hefo'r bol bach)

Ond pan ddôf yn hippo o'r dŵr,
mae disgyrchiant yn gwneud disgo erchyll
o'r floneg aflonydd;
mae'n bochio fel bag Tesco llawn blancmange,
mae'n drwm fel llond sach o Aberystwyth,
mae'n gydymaith, mae'n gydwybod ...

Y fi yw'r boi hefo'r bol ...

Ac os wyf inna'n feichiog, gan fuchedd ofer
mae bol fy ngwraig,
sydd wedi llanddewibrefi
bedair gwaith gyda babi,
yn fflat yn ôl fel hambwrdd;
croen crêpe yr amlesgor
yw'r unig gamwri
sy'n medru tystio i'w mamhydri
ac hefyd, dwi'n ama, i'm diogi inna ...
na fagodd ddim ond laff
yn y bol yma ...

Y fi yw'r boi hefo'r bol ...

Ond mae isio chwerthin weithia,
a dysgu caru ein ffaeledda!
Felly y fi yw'r boi hefo'r bol.
Y fi yw'r boi hefo'r bol!!

(I'm that guy with a moderate gut)

but when I come from the water
like a hippo dripping,
the pulling power of Club Gravity
always draws the flubber to the floor;
it bulges like a Tesco bag
full of blancmange,
heavier than a sackful of Aberystwyth,
this, my conscience,
and fellow traveller of the front ...

Y fi yw'r boi hefo'r bol ...

And if I'm pregnant from my prodigality,
my wife, who's done the Llanddewibrefi
four times with baby in the belly,
always gets back flat like a tray;
the crêpe skin of multiple parturition
is the only man-ifestation
that testifies to her-oism
and is also a witness to my own laziness,
I who have bred forth
no more than a belly laugh or two
from my own abdomen ...

Y fi yw'r boi hefo'r bol ...

But we need to laugh sometimes
and learn to love our failings,
so ... y fi yw'r boi hefo'r bol!
Y fi yw'r boi hefo'r bol!

Rhybudd: Cynulliad

Pan fo traean o'n pobol yn troi'u herials tua'r Dwyrain,
dyma rybudd;
fydd y Cynulliad ddim yn arwain
at gwymp terfynol gwareiddiad y Gorllewin,
fydd tir ffermwyr ddim yn cael ei wladoli,
na'i blannu hefo melinau gwynt
na goncs Mistar Urdd,
ac yn ogystal â'r llais bondigrybwyll yn Ewrop,
bydd gennym gôr o leisiau
yn diasbedain yn enw cyfiawnder,
lawr yng Nghaerdydd.
Rhybudd: Cynulliad

Fydd pobl Caerdydd a'r Cymoedd
ddim yn cael eu corlannu
a'u gorfodi i wrando ar Stondin Sulwyn,
Dechrau Canu Dechrau Canmol
a phethau gorau eraill ein diwylliant cynhenid.
Rhybudd: Cynulliad

Fydd pobl Gwynedd ddim yn gorfod ffurfio jazz bands
nac yfed bara lawr fesul peint yn eu tafarna.
Rhybudd: Cynulliad

Warning: Welsh Assembly

When a third of our people
turn their aerials to the east,
here's a warning –
the Assembly will not lead
to the final fall of Western civilisation;
farmers' land will not be nationalised
nor planted with windmills or furry gonks,
and as well as the much-vaunted
"voice in Europe",
we'll have a choir of voices
thundering in the name of justice,
down in Cardiff.
Warning: Assembly

People in Cardiff and the Valleys
will not be rounded up and forced to listen
to Welsh language phone-ins, hymn singing
and other bastions of our indigenous culture.
Warning: Assembly

People in Gwynedd
will not be forced to form kazoo bands,
nor drink pints of laver bread in their pubs.
Warning: Assembly

Fydd colofnwyr papur newydd
ddim yn cael parhau â'r arfer o sillafu Gogledd a De Cymru
hefo G a D fawr,
fel Gogledd a De Corea, neu Fietnam;
achos nid y 49th paralel, na'r DMZ
sy'n ein gwahanu,
ond lôn sâl,
pobol sy'n deud "sietin"
a defaid teircoes Bannau Brycheiniog,

felly, Rhybudd: Cynulliad
bydd yn newid ein ffordd ni o feddwl;

Rhybudd: Cynulliad
gadewch eich rhagfarn wrth y drws

Rhybudd: Cynulliad
bydd yn gwneud ni'n rhan o'r ateb
yn lle bod yn rhan o'r broblem ...

Rhybudd: Cynulliad ...

Newspaper columnists
will not be allowed to persist with their habit
of spelling North and South Wales
with a capital N and S,
as in North and South Korea, or Vietnam;
because it's not the 49th parallel or the DMZ
that divides us,
but a crap road,
people who say "sietin"
and the three- legged sheep
of the Brecon Beacons

so, Warning: Assembly
it will change our way of thinking

Warning: Assembly
leave your prejudice by the door

Warning: Assembly
it will make us part of the answer
instead of being part of the problem ...

Warning: Assembly ...

1999

'Golau yn y Gwyll'

(Light in the Twilight)

Clirio'r tŷ mewn cwmwl tystion

(Elfyn: Llanrwst)

Lladd ystyr mae marw iaith,
nid diffodd golau ond sathru'r bylb,
nid chwythu'r gannwyll ond porthi'r moch â'r gwêr.
Heddiw oedd hi,
yn oslef cain ac islais main ...
and then ...
it's just not there ...

... Amhosib fydd ailgreu iaith o'r bag bun du
llawn treigliadau anghynnes
mor ddiwerth â dannedd gosod ail law,
y tronsiau o frawddegau,
botymau sbâr o enwau
a'r berfau a wiwerwyd
at achlysur na ddaw ...

... Y Saesneg biau'r stryd erbyn hyn,
a chadair fy nhad yn wag
wedi methu â atal y lli ...

ond baich ardal arall, ers tro byd
sydd yn hawlio fy nghalon i ...

nhw yw fy nheulu yn awr,
Cheryl a Dave, Julie a Wayne;
nhw yw'r dyfodol; nhw yw fy ngwaith;
lladd ystyr mae marw iaith ...

Clearing the house in a cloud of witness

(Elfyn: Llanrwst)

The death of a language murders meaning,
not the switching of a light, but the crushing of the bulb,
not the blowing of a candle, but feeding its tallow to swine.
Today it was alive and more;
its undertones acute, its timbre refined
et puis ...
ça n'est pas là encore ...

... It's impossible to recreate a language
from the black binbag full of distasteful mutations
(as worthless as second hand teeth in pawn),
the sentences like long johns,
nouns like spare buttons,
and those verbs squirreled away
for a day that did not dawn ...

... English has domain in our street now,
and my father's chair is empty,
having failed to turn back the waves ...

but another place's burden, for some time now,
has had my heart enslaved ...

they are my family now,
Cheryl and Dave, Julie and Wayne,
they are the future, they are my calling;
the death of a language murders meaning ...

Cyn mynd nôl i'r De

(Elfyn: Llanrwst)

Am hanner 'di deg, daw'r athronwyr i'r dafarn,
y teips stop-tap di-eneiniad
sydd fel cardiau cydymdeimlad
i ddiwylliant cyfan.

*"Dro ar ôl tro, fe achubwn yr iaith,
unwaith yn unig y collir hi;
heriwn felly'r mudandod maith."*

Maen nhw yn llygad eu lle,
ond wnân nhw ddim siarad â dysgwyr ...
Rhyfedd ynte?

Before going back down South

(Elfyn: Llanrwst)

At half past ten
the "philosophers" come to the pub,
those spiritless stop – tap vultures
that are like condolence cards
for an entire culture.

*"We can save the language constantly
but only lose it once, and so
square up to the silence of all eternity."*

Nothing in their analysis to make you blink,
but they won't talk to learners ...
Strange that, don't you think ...?

I've always wished I could speak Welsh

(Wayne: Wattstown, Rhondda)

Mae'r dyfodol yn ddyn hoffus o amheus
ar sesiwn pnawn, yn gwenu fel gwn
ac yn chwerthin fel *exocet*.

Mae'n gwmnïwr da, fel yr heulwen a ddaw
trwy ffenestri'r pnawn, yn dân yn dy gwrw
ac yn ddawns ar dy dafod.

Ond er bod y pnawn yn llachar o beintiau
a'r nos bell yn llawn posibliadau,
dyn peryg yw'r dyfodol,

yn diflannu i'r gwyll heb godi'i rownd,
yn d'adael chwap yn anterth y mwg
yn wynebu'r presennol prin,

am un ar ddeg, heb ddim
ond "y kudos o fod yn bocedwag"
yn *hieroglyph* ar gefn mat cwrw

a anghofir gennyt ar y bar,
wrth faglu trwy'r drws.
Mae'n dechrau bwrw ...

I've always wished I could speak Welsh

(Wayne: Wattstown, Rhondda)

The future's a likeably dodgy bloke
on an afternoon "sesh", smiling like a gun
and laughing like an *exocet*.

He's good company, like the sunshine that flies
through the afternoon's windows, firing up your beer
and dancing on your tongue.

But although the afternoon is bright with pints
and the night long distant, replete with possiblities,
the future's a dangerous man,

disappearing into the dusk without buying his round,
leaving you at eleven as the fug builds to a climax,
face to face with your vanishing present,

leaving you with nothing
but the "kudos of having been kidded";
a *bon mot* hieroglyphed on a beer mat's back

which you forget, on the bar,
as you stumble through the door,
as it begins to pour ...

Dysgwyr anonymous

(Cheryl: Llwynypia, Rhondda)

Anodd dychmygu'r gwewyr
sy'n cnoi,
cyn troi mewn i'r dosbarth gynta,
a'r bol yn glinigol noeth,
cyn gwneud y gyffes ddrud;
"wyf Gymro, mynnaf fy iaith yn ôl."

Mae methu wedyn,
yn gallu sigo seiliau'r byd.

Learners anonymous

(Cheryl: Llwynypia, Rhondda)

It's difficult to imagine the angst
that gnaws
as you pause, before first venturing into the class,
your stomach bared to the knife,
before making that costly confession;
"I'm Welsh, I want my language back."

To fail after that,
can undermine your whole world-vision.

Siafio o flaen fy mab

(Dave: Tremorfa, Caerdydd)

Gollyngais fy rasal, a gweld,
wrth ei chodi'n sydyn,
fy mab yn y bwlyn drws pres,
ei ddwylo'n ymbil fel dau haul
a'i fysedd yn pelydru.

Yn ei fyd lastig o
ni wêl angen siafio,
'mond morgrug ar fy wyneb;
nid yw newid gwlad
ond dysgu cân newydd,
a newid iaith fel gwisgo fest y bore.
Mae o, yn wahanol i mi
heb angen Wlpan i newid ei fest ...

Ond yn y bwlyn drws
mae nefoedd yn bosib i minnau hefyd;
caf anghofio'r bustachu dysgu,
a throi fy Nghymraeg cloff
yn freichiau rwber i'w anwesu ...

Ar ymyl y sinc siafio,
mae'r diferion sebon strae
yn llawn morgrug meirwon ...

Shaving in front of my son

(Dave: Tremorfa, Cardiff)

I dropped my razor and saw,
as I picked it suddenly up,
my boy in the brass door knob,
his hands supplicant like two suns,
his fingers, streaming sunbeams.

In his elastic world
he sees no need for shaving,
just the ants on my face;
changing countries
is just learning a new song,
changing languages
like wearing his morning vest.
He, unlike me, needs no Ulpan course
to change his vest ...

But in the brass door knob
I too, can attain Nirvana,
forget the frazzle of language learning,
and my halting Welsh
becomes a pair of rubber arms
that embrace my boy ...

and at the edge of the shaving sink,
the drops of stray lather
are full of sloughed off ants ...

Makeover & rusks (meddwi yn Gymraeg)

(Cheryl: Treherbert, Rhondda)

Nid y fi sy'n siarad yn awr
ond y fi newydd, â'm hiaith fenthyg,
yn ail-brofi bore oes
yn glafêrs i gyd,
yn sugno bronnau'r famiaith,
yn cnoi'r cytseiniaid anghyfiaith,
yn cael fy ail-eni ...

Cyn dosbarth nos

(Wayne: Hirwaun)

"Dwi'n bwyta afal bob dydd" meddai Wayne
"ond mae'n nos bob dydd, lawr yn ein gwaith ni".
Mae'r sticeri bach afalau
fel sêr ar dalcen y glo.
Mae eu sudd yn gorlenwi'r geg,
yn golchi'r dwst ar gefen llaw
a'r shwrwd ffrwyth yn tasgu
gyda'r treigliadau newydd
a ymarferir rhwng y dannedd gwyn,

ac mae blas anghyffredin ar y geiriau hyn,
ac mae'r graig yn syn
o glywed y Gymraeg eto lawr fan hyn ...

Makeover & rusks (getting drunk in Welsh)

(Cheryl: Treherbert, Rhondda)

It's not me speaking now
but the new me, in my borrowed language,
re-experiencing the morning of life,
all dribble,
as I take suck at the paps of the mother tongue,
chewing away on those lost consonants,
as I am born again ...

Before the night class

(Wayne: Hirwaun)

"I eat an apple a day" said Wayne,
"but it's night every day, down where we work".
The little apple stickers
are like stars on the coalface.
The apple juice overfills the mouth,
washes the dust on the back of your hand,
and the macerated fruit sprays forth
with the new mutations
that are tried out between those white teeth,

and these words have a rare savour at their core,
and the rockface is in shock
at hearing Welsh down here once more ...

Cymraeg Caerdydd

(Elfyn: Park Place, Caerdydd)

Mae'n blanhigyn sy'n deilio mor fras â menyn
ond heb fwrw gwreiddiau dyfnion,
er gwaethaf fforchiad cyson
o flawd esgyrn o'r Fro,
lle mae'r Beiblau'n cael eu cario allan,
lle mae sgwrs yn troi'n amgueddfa,
lle mae brawddegau'n braenaru,
a lle mae'r byw,
a'r iaith,
yn gynyddol fain.

Dad-ddysgu

(Julie: Penylan, Caerdydd)

Dysgais-i dreiglo, ac yna i beidio;
dysgais-i "blwch llwch",
(ond mae'r "ash tray" 'n gwneud y tro);
ond er i mi ddad-ddysgu,
dwi'n ddysgwr o hyd
ac mae'r label
yn gwneud imi deimlo fel llo.

The Welsh language in Cardiff

(Elfyn: Park Place, Cardiff)

It's a plant with leaves as fat as butter
that hasn't put its roots down deep,
despite the constant forking – in
of bonemeal from the heartlands,
where the Bibles are carried out of closed chapels,
where conversations become museums,
where sentences fall fallow,
and where life,
like the language,
is increasingly lean ...

Un-learning

(Julie: Penylan, Cardiff)

I learnt my mutations, then learnt to forget them;
I learnt "blwch llwch",
but "ash tray" 's just as cool;
but despite my "un-learning",
I'm still a "learner"
and the label
makes me feel like a fool ...

Guinness wedi'r Wlpan

(Elfyn: Royal Oak, Caerdydd)

Hanner gwag 'ta hanner llawn?

Daw'r argyfwng gwacter ystyr
pan fo'r gwydr ar ei hanner,
wedi'r ymgodymu dyddiol
â dechreuwyr Park Place.

Hanner gwag 'ta hanner llawn?

Ydi'r cyfan mor ddiniwed a difudd
â'r hogyn bach dyflwydd
aeth i nôl y selotêp
er mwyn trwsio'r crac yn ei fisgedan?

Hanner gwag 'ta hanner llawn?

Pendiliaf yn f'ansicrwydd;
gwagio hwn a mynd?
Ynteu ceisio gwydraid arall o'r dirgelwch du?
Brawd meddwl yw siarad
ac mae'r gwydr gwag yn eiriol drosof ar y bar.

Hanner gwag 'ta hanner llawn?

Half empty or half full?

(Elfyn: Royal Oak, Cardiff)

Half empty or half full?

The crisis of faith hits home mid-pint,
after my daily dealings
with the learners in Park Place.

Half empty or half full?

Is the whole enterprise as guileless and pointless
as the two year old boy
fetching sellotape
to mend the crack in his biscuit?

Half empty or half full?

I sway in my uncertainty;
should I drain this and go?
Or seek another pintsworth
of that impenetrable mystery?
Thought is the father of the deed,
and the empty glass
pleads at the bar on my behalf.

Half empty or half full?

Mae llawer yn bosib mewn dinas fel hon ...
a phan gofiaf y tro y bûm yn ffôn-ganfasio,
yr unig wyneb gwyn
mewn llond stafell o gyfeillion Asiaidd a du,
yn ffonio'u cyd Gymry
er mwyn annog pleidlais "ie",

wedyn rhaid cyhoeddi, yn bendant iawn –
nid hanner gwag,
ond hanner llawn!

Much is possible in a city like this ...
and when I recall the time I was phone-canvassing,
the only white face
in a roomful of black and Asian fellow-travellers,
phoning their fellow Welsh
to urge a vote for "yes",

then I submit most emphatically
that we are half full,
and not half empty!

Codi weipars

(Julie: Aberystwyth)

Aethom i Aberystwyth ar drip,
i'r plant gael clywed yr iaith,
i geisio dal y Gymraeg yn ei slipars
a chael tynnu sgwrs,

ond oedden ni fel yr hogia llnau windsgrîn,
rhyw dacla diarth o'r De,
yn sgwrio'u heuogrwydd heb ofyn yn gynta,
eu dal rhwng cydwybod a golau coch ...

(oeddan ni'n codi weipars)

Serch hynny, cawsom gildwrn o sgwrs gan sawl pen-rwd
"Da iawn wir; you're Welsh is very good"

cyn weindio'r ffenest, gwên nerfus nawddoglyd,
golau gwyrdd,

a gyrru i ffwrdd.

Lifting the wipers

(Julie: Aberystwyth)

We went to Aberystwyth for the day,
so the kids could hear some Welsh,
catch the language in its slippers
and strike up a conversation,

but we were like windscreen washer boys,
foreign riff – raff from the South,
scouring their guilt without asking them first,
catching them on their conscience, on the red light ...

(lifting their wipers, as it were)

Despite that, we had small-gratuity-chat,
from some condescending prat,
"Da iawn wir, you're Welsh is very good" she said

with a nervous smile,
before winding the window,
green light,

and off she sped ...

Croesi'r bont

(Dave: Tremorfa, Caerdydd)

Digwyddodd heddiw,
p'nawn 'ma yn y pressing plant,
hefo'r hogan o Lanelli
sy'n holi hynt fy ngwersi.

Digwyddodd rhywbeth sbesial
sydd fel cyri yn cyrraedd,
yn droli ac yn drimins
ac yn lliain wen i gyd;

deallais sbeis ei geiriau,
eu profi am y tro cynta,
cyd-fwydo yn gariadus
o un ddesgil yn lle dwy;

digwyddodd heddiw,
a thân gwyllt y Gymraeg
yn goleuo'r nos, yn gwreichioni pob sgwrs
wrth gerdded o'r dafarn yn ôl i'w thŷ.

Crossing a bridge

(Dave: Tremorfa, Cardiff)

It happened today,
this afternoon in the pressing plant
with the girl from Llanelli
who asks how my lessons are going.

Something special happened,
like the arrival of a biriani,
all trolley and trimmings
and starched white tablecloth;

I understood the spice in her speech,
tasted it for the first time,
as we lovingly co-spooned
from one dish instead of two;

it happened today,
and a linguistic firework display
lit up the night,
scintillating our discussion
as we walked back from the pub to her house.

Eistedd mewn stafell, a'r golau wedi'i ddiffodd ...

(Elfyn: Y Rhâth, Caerdydd)

Mae hi wedi nosi
ond mae eisiau 'mynadd codi at y lamp,
a'r dydd yn ail-chwarae'n fy mhen

– Oes mab gyda ti?
– Oes, mae dwy fab gyda fi.
– Mae dau fab gyda ti. Da iawn Dave.

gwylio'r teledu,
arch fy nychymyg,
a'i liwiau'n fflicro'n fy llygaid gwag,

yn trio deall
os yw 'nhad wedi marw
pam 'mod i'n teimlo'n **fwy** fel ei fab?

Sitting in my room with the light off ...

(Elfyn: Roath, Cardiff)

Night draws in,
but I can't be bothered going over to the light,
as the day replays inside my head

– *Have you got a son?*
– *Yes, I'm getting two sons*
– *"I've got two sons" ... well done, Dave.*

watching television,
imagination's coffin,
its colours flickering in my empty eyes,

trying to comprehend how come
you feel more and more like a son
after your father dies?

Rage, rage against ...

(Elfyn: Llanrwst)

Wrth ddringo'r grisiau olaf at eich tŷ,
gwyddwn mai yn ei gadair byddai'r bardd
yn gwylio'r golau'n marw yn y stryd;

roedd ffenestri dall Llanrwst yn llosgi,
a hen ysbrydion yn nofio
unwaith eto yn eich llygaid chi ...

Dyna oedd y tro ola, a minnau'n awchu
am eich bendith neu'ch melltith,
ond sefais tu ôl i'ch cadair er mwyn celu

fy nagrau, fy Niagra o euogrwydd.
Dathlwn y golau ond ofnwn y gwyll,
a'r ofn wna fudan o'r cariad afrwydd

sydd rhwng tad a mab. Mae'n ein drysu,
ond wedi'ch machlud, myfi yw'r wawr,
a'r gwyll, nid yw'n gorchfygu.

Mi godaf gofeb lafar nawr, i chi
a phob tafod newydd yn tystio yn ei dro,
y bu Cymraeg rhyngom ni.

Rage, rage against ...

(Elfyn: Llanrwst)

As I came to your house, climbing those last stairs,
I knew the bard would be watching
the light dying in the street, whilst seated in his chair;

the blind windows of Llanrwst were aflame,
and there were apparitions floating
in your eyes once again ...

That was the last time, and I was burning inside
for your blessing, or your curse,
but I stood behind your chair to hide

my tears, my Niagara of guilt. We celebrate
the light, but are fearful of the dark
and this fear makes mute the fraught love, innate

between father and son. It causes confusion,
but now your sun's set, mine will still shine,
and the dark shall have no dominion.

I will build you a monument of new speakers,
and each voice will witness in their turn
how the language bound, and came between us.

2002-11

o/from

Waliau'n Canu
(Singing Walls)

Gwers

(3.3.11)

Trwy hedfan dros Gymru
mae dysgu ei charu;
hongian yn araf uwch ei phen,
ei hadnabod o onglau anghyfarwydd.

Ac rhwng cellwair y cymylau blew geifr,
dyma benrhyn Llŷn,
fel llawes a dorchwyd ar frys.

Dyma gaeau'n gotymau blêr
am ddirgelwch y mynydd,
wedi'u pwytho'n gain gan y cloddiau.

Dyma lechi'n domenni
wedi'u cribo o'r tir
fel ôl bysedd drwy'r tywod,

a llynnoedd bychain llachar
fel mannau geni cyfrin
yn haul yr hwyr.

Ac wrth drwyno ffenest yr awyren heno,
mae'r gwefusau'n mynnu adrodd
pader yr enwau,

"Dyfi Junction, Cors Fochno ..."
a'th anadl fel siffrwd carwr dros ei chorff,
"Dowlais, Penrhys, Gilfach Goch ..."

Elevation

(3.3.11)

Flying over Wales, suspended
high above, is to learn
how to love her; gliding slow,
knowing her from this new angle.

Between the tease of mare-tail clouds,
her peninsula arm's exposed,
sleeve eager, rolled-ready.

And look, beneath her collage of a dress,
the mystery of the mountain
elegantly stonewall-stitched.

And there, the furrows of unearthed slate
combed like the drag
of fingers through sand,

and the small bright lakes
like enigmatic birth marks,
glimpsed while lovers lock.

Tonight, nose wedged against the window,
your lips insist on reciting
the litany of place names,

"Dyfi Junction, Cors Fochno ..."
your breath a sacred shuffle across her body,
"Dowlais, Penrhys, Gilfach Goch ..."

Ac wrth iddi gau'i swildod dan len,
mae cysgod yr awyren
yn symud fel croes
dros y cymylau gwynion,

yn sws ar lythyr caru'r oesau,

yn bleidlais betrus dros ei pharhad ...

And as she wraps her shyness
with a veil of cloud,
the plane's shadow
casts a cross below,

a timeless kiss on this love letter,

a hesitant vote for her future.

(CP)

Cwmni

(i Iwan)

Gyda'r machlud yn glais uwch yr Eagles,
dyna'r noson gynta
inni ganu hebot ti.

Dan oleuadau a ddiferai
yn lliwiau anwadal o'r to,
roedd merched mewn ffrogiau clybio

ar eu ffordd stileto i'r Dre,
a gwragedd a'u gwŷr mewn crysau glân
yn crŵnio karaoke o'u seti,

a phawb yn gwybod geiriau "Dan ni yma o hyd",
ond roedd bwlch yn y rhengoedd
a'r gân yn gelwydd i gyd.

Ac aethom ragom, o dafarn i dafarn,
a sŵn "yr angylion yn hedfan heibio"
yn mynnu bylchu pob sgwrs.

Dro ar ôl tro,
a ninnau'n mud wylio
Guinness arall yn setlo,

ceisiasom gofio trydan dy awen,
yn llosgi'n llachar yn seiadau'r nos,
cyn pylu'n annhymig yn llwyd y wawr …

Cwmni

(in memory of Iwan Llwyd)

As the sunset bruised the sky above the Eagles,
that was the first time
we'd performed without you.

Lights blinked inconstant colours from the ceiling;
girls in their clubbing dresses

were on their stiletto route to town;
wives with their clean-shirt husbands
crooned karaoke from their seats,

and everyone bellowed *"Dan ni Yma o Hyd"*
like there was no tomorrow;
but with the breach in our ranks,
the anthem rang hollow …

And so we went forth, from tavern to tavern
but every conversation was sundered
by "angels flying past".

Time after time,
mutely watching
another Guinness settling,

we tried remembering your electric inspiration,
burning brightly in nocturnal *seiadau*
before fading prematurely
in the grey light of dawn …

Ond wrth faglu i'r bore
a'r gwylanod yn gymanfa gwatwarwyr
uwch ein pennau,

roedd dy gân unwaith eto
yn rhuban yn y gwynt,
dy chwerthin yn atsain drwy'r strydoedd gwag,

a'th gerdd yn awyren fry,
yn sgriff wen ar las y bore newydd,
yn daith sy'n ein galw o hyd ...

And as we stumbled out
into the new morning,
mocked by a *cymanfa* of gulls,

your song once more
was a ribbon on the wind,
your laughter an echo in the empty streets

and your poetry above us, an unseen jet,
a white graze on the new morning blue,
a journey that summons us yet …

Modryb

*(i ddathlu trigeinmlwyddiant
y Gwasanaeth Iechyd Genedlaethol, 1948-2008)*

(i)
Ym more oes fy modryb,
a'r hen ganrif yn bedyddio to newydd
ar eirch eu tadau,
daeth yn amser iddi fynd
yn llaw ei mam i Gaernarfon,
ar antur.

Hithau'n sgipio fel sgalpel o bwyllog
o flaen gofid ei mam;
a'r dwthwn hwnnw i gapel Moreia y daethant
a chymeryd ohonynt eu lle mewn ciw ...

Tu fewn i'r festri,
roedd hi'n Ypres heb y gynnau,
cyllyll yn berwi lle bu'r Beiblau;
eneinio byrddau â charbolic nid adnodau,
gwenoliaid ffedogau starts
lle bu syberwch siwtiau brain,
yn gwagio'r platiau casglu dur
o'u hoffrwm gwaed ...

a phan ddaeth tro fy modryb fach,
sylwai cyn swatio dan gwrlid nwy,
fod yr haul yn glaf a'i belydrau musgrell
yn methu cuddio dawns y llwch ...

For my Aunt

*(to celebrate the sixtieth anniversary
of the National Health Service, 1948-2008)*

(i)
And so it came to pass,
as the old century baptised a new generation
on the coffins of their fathers,
my aunt in the youth of her years,
ventured the trip to Caernarfon,
holding her mother's hand.

She skipped, steady as a scalpel,
ahead of her mother's worries,
and that day they came unto Moreia chapel;
and took their place in the queue ...

Inside the vestry
it was like Ypres without the rifles,
knives boiling in place of Bibles,
tables anointed with carbolic not gospels;
starch-aproned swallows flitting
where crow-suited gravitas
was usually more fitting,
emptying the steel collection plates
of their offerings of blood ...

and when it was my small aunt's turn,
she noticed,
before snuggling under a gas blanket,
that the sun was sick and his failing rays
still could not hide the dance of the dust ...

canys dyna oedd trefn esgor clefyd
i deuluoedd chwarel yn eu hadfyd;
cynilo ceiniogau cyn gwâdd gŵr
fu'n hogi'i sgiliau mewn dinas bell;
bwrw'r draul cyn y driniaeth
(os nad y gofid),
a chymeryd ohonynt eu lle mewn ciw ...

(ii)
Dadebru ... llwnc yn llosgi
hercio'n llipa o'r festri
yng nghesail ei mam,

bws p'nawn o'r Maes
a'r sêt yn ei sgytio;
lliain dan ei gên i ddal y gwaed,

heb ddeall yr oglau diarth ar ei gwynt,
heb awydd rhoi bys yn yr angar' ar y ffenest
i oeri'r niwl yn ei phen;

merlyn a throl cymydog
i'w chwfwr ym Mhenllyn
i'w hebrwng fyny'r allt
nôl adra i Fachwen,
ac adferiad araf iawn.

for thus was ordained that quarrying families
might unburden their sickness,
saving their pennies
before summoning a man
who'd sharpened his skills in a distant town;
clearing the cost before hand
(if not the worry),
and taking their place in the queue ...

(ii)
Conscious again ... throat burning
from the vestry limply stumbling,
under mother's arm,

afternoon bus from the Square,
the seat shaking her,
a towel beneath her chin to catch the blood
not understanding
the strange smell on her breath,
not wanting to put her finger
to the window's condensation
to cool the mist in her head ...

a neighbour's pony and trap
to meet her at Penllyn,
to take her up the hill,

back home to Fachwen
and a very slow convalescence.

(iii)
Eleni yn hwyrddydd ei hoes
bydd fy modryb yn dathlu, drwy dynnu cataracts,
mor hawdd a thynnu'i staes
"mewn ac allan mewn diwrnod 'sti".

Nid adlais o'r hen dlodi mo hyn
ond y goleuni yn y gwyll,
gwaddol bwysica chwyldro'r pedwar degau;
a'n golud yn ein gwendid.

"Braf arna'i heb orfod poeni dim,
fy ngofid mwya yw dal bws deg".

Ac wrth iddi ganu'n iach â'i phroblem,
cofiwn o ba wlad y daethom
a'r straeon am festrïoedd ein gorffennol.

Cofiwn Bevan,
a welodd dân gwahanol yn y berth,
a diolchwn am gael troedio, yn ei sgil,
balasau ein gwellhâd.

(iii)
This year in the twilight of life
my aunt will celebrate
by removing cataracts,
as easy as her stays
"in and out in a day, you know".

No echo of the old poverty this,
but a light at the end of the tunnel;
the greatest legacy of the forties' revolution,
our wealth when in our weakness.

"How lucky I am, not having to fret,
my biggest worry's getting the ten o'clock bus".

And as she bids farewell to her problem,
let us remember the country we came from,
the stories from the vestries of our past.

Let us remember Bevan,
who saw a different burning in the bush,
and we give thanks that we still walk
through our palaces of recuperation
in his wake.

Un diwrnod yn Kampala – bechgyn y stryd

(gyda blwyddyn 6, Ysgol Gymraeg Aberystwyth)

Yng nghornel iard y rheilffordd,
cysga'r bechgyn mewn papur newydd llipa
fel anrhegion blêr i ddiwrnod arall,
yn gwingo'n y gwyll ar waelod hen wagen
a'u cefnau'n dost.

Mwg o'r trenau
ac olwynion ar gledrau sy'n eu deffro.
Stretsio.
Oglau chwys o gesail.
Golchi ceg hefo dŵr rhydlyd
o danc injan stêm.

Brysio gyda'r haul newydd
at ruthr y farchnad.
Gorymdaith lorïau'n troi'n dagfa draffig.
Goleuadau coch. Brecio'n swnllyd.
Bananas yn disgyn
yn glewt o gefn lori.

A'r bechgyn
fel piod
yn cipio'r trysor melys i'w gwerthu,
gan gadw llygad barcud
am yrrwyr lori blin,
y cwsmeriaid prin
a gelynion y gyfraith.

One day in Kampala – the street boys

(with year 6, Ysgol Gymraeg Aberystwyth)

In the corner of the railway yard,
the boys sleep in old newspapers,
like badly wrapped presents for a new day,
wincing on the floor of the railway wagon,
their backs stiff in the new dawn.

Wheels on rails and steam from the trains rouse them.
They stretch.
Sniff armpit sweat.
Rinse their mouths with rusty water
from an engine's water tank.

They hurry in the new sun
to the bustle of the market,
the procession of lorries held in traffic.
Red lights. Brake screech.
Bananas fall with a clump
from the tailgate.

And the boys
like magpies,
sieze the sweet treasure to sell,
keeping a hawk-eye open
for irate lorry drivers,
reluctant customers,
and their enemies from the law.

Weithiau rhaid ffoi rhag yr heddlu,
rhag cael eu curo,
rhag cael eu carcharu dros dro;
a bydd lliwiau'r farchnad yn blyrio i gyd
wrth wibio bant fel wildebeest,
a llwch y stryd yn diflannu dan draed.

Wrth iddi nosi,
gall y bechgyn bori'n ddiogel
ar reis, *matoke* neu *cassava*,
ac os bydd llond poced o elw'r dydd,
gallant fwyta cig,
â blas buddugoliaeth
yn tynnu dŵr o'r dannedd.

A chyn cysgu,
rhaid lapio'u hunain eto
fel anrhegion i'w postio
at yfory ...

Sometimes they have to flee from the police,
so as not to be beaten,
so as not to be locked up;
and the colours of the market become a blur
as they leap away like wildebeest,
the street dust disappears beneath their feet.

And when night comes,
the boys can snack safely
on rice, *matoke* or *cassava*,
and if they have a pocketful of the day's proceeds,
they eat meat;
it makes their mouths water
and tastes of victory.

Before they sleep,
they wrap themselves again
like presents to be posted
to an untrustworthy tomorrow ...

Ynys

Mae hon am y môr â mi – yn unig
    annynol yn gweiddi
    yn ei nos, ac ni wn i
    sut, sut mae croesi ati ...

Island

She's the other side of the sea from me,
this lonely unfeeling creature
who rails at her night and I don't know
how, just how, I might reach her ...

Sul y Cofio

(11.11.06)

Wrth frysio heibio'r polion lamp
a thrwy oerfel y twneli
lle mae dwyieithrwydd y llwyth yn troi tu min

(Julie is a Hwr;
Covis Dre Rule)

dyma groesi dwy fileniwm
rhwng y tai tlawd
â'r ffrijus a matresi
yn tyfu'n y gerddi.

Yno, roedd y plant yn chwarae rhyfel,
wrth ddisgwyl y dynion yn ôl o'r Legion,
lle maen nhw'n talu'u medd neu'u Marstons.

A bûm innau'r Sul hwnnw
yn gwylio'r hogia'n martsio'r Cofio
drwy'r strydoedd lawr i'r Maes ...

Remembrance Sunday

(11.11.06)

Hurrying past lampposts
and through damp tunnels
where the tribe's two tongues grow sharp on the walls

("Julie is a Hwr";
"Covis Dre Rule")

I crossed two millenia
between the run down houses
where fridges and matresses
grow in the gardens.

The children there were playing war
whilst awaiting the men back from the Legion,
where they've earned their mead or Marstons.

And I myself that Sunday had watched the boys
marching Remembrance through the streets
and down to the square ...

Ac wrth gerdded y llain sydd rhwng dau farics
ar gyrion gwyntog dwy ymherodraeth,
Cil Peblig, Caer Seiont a Sgubs,

gyda golau'r pnawn yn pylu am dri,
ni allwn lai na dechrau canu
Gwarchan Caernarfon
y Sul y Cofio hwnnw,

i dref hen y Gododdin newydd,
yn meddwi'n barchus mewn siwtiau brain
er cof am ryfelwyr y llwyth.

And as I walked the stretch
between two barracks
on the wind swept edge of two empires,
Cil Peblig, Caer Seiont and Sgubs,

as the afternoon light faded at three,
I felt compelled to declaim an anthem
for doomed Caernarfon
that Remembrance Sunday,

the old town of the new Gododdin,
drinking respectfully in their raven suits,
remembering the warriors of the tribe.

Y tyst (Aneirin)

Yn lle sefyll yn gyfysgwydd â'r lleill
a chysgu â lleufer yn fy llygaid,
dewisais yr hunllef hon.

Mae fy ngherdd yn llosgi y tu mewn i mi
rhag tywyllwch yr hyn a welais.

Mae fy ngherdd yn nod Cain ar fy nhalcen
"Roedd hwnna hefo nhw ...
ond daeth ynta'n ôl".

Mae fy ngherdd yn dyst,
yn sibrydion celwyddog yn eich clust,

achos roeddwn i yno,
i chwithau gael syllu'n farus
drwy rwyllwaith fy nhystiolaeth;

yn Hillsborough yn tynnu lluniau,
yn lle tynnu'r trueiniaid o'r wasgfa;

yn Aberfan yn holi'r rhai a wylai'n hidl
yn lle crafu â'm hewinedd yn y llaid;

yng Nghoed Mametz yn sgwennu at y mamau
"Bu farw'ch mab yn arwrol ... ac yn sydyn
wrth ymosod yn ddewr ar ffos y gelyn"

The witness (Aneirin)

Instead of making a stand, shoulder to shoulder
and sleeping with light in my eyes, like the others
I chose to live this nightmare.

My song burns within me
dispersing the darkness that I saw.

My song is the brand of Cain on my brow
"He was with them ... but he came back".

My song is a witness,
whispering falsely in your ear

because I was there,
so that you can stare greedily
through the lattice of my testimony;

at Hillsborough, taking pictures
not hauling victims from the crush;

at Aberfan asking questions of those that wept
not clawing with my nails in the slurry;

at Mametz Wood, writing to mothers
"Your son died quick ... on a hero's mission
bravely charging an enemy position"

(Ond fe'i gwelais yn gwingo'n hir ar weiren angau
a pheirianddryll yn ei ridyllu
a'i ddillad isa fel stwffin drwy'i lifrai,

a minnau'n ddiymadferth pan ferthyrwyd ef
ond oeddwn, roeddwn i yno,
yng Nghatraeth pob cenhedlaeth)

Mae fy ngherdd yn Jiwdas yn fy ngenau.
Dwi'n gorfod byw hefo'r hyn a welais
a'm hanallu i'w gyfleu.

Dwi'n anrhydeddu'r meirw â'm methiant;
dwi'n gorfod byw. Dwi'n dyst.

(Though I saw him writhing a long while
on death's barbed wire,
colandered by a machine gun,
his underclothes like stuffing through his uniform,

and I was powerless to prevent his martyring
but yes, I was there, at Catraeth,
in every generation's Catraeth)

My song is a Judas on my lips
I'm forced to live with what I saw
and my inability to convey it.

I honour the dead with my failure;
I'm forced to live. I'm a witness.

'Milwyr y Mericia Gymraeg'
(ar drywydd dynion 1861-5)

Amcangyfrifir fod cynifer â deng mil o Gymry wedi ymladd dros eu gwlad newydd yn ystod Rhyfel Cartref America. Dyma gyfres o gerddi i'n hatgoffa amdanynt ac am y frwydr barhaol i sicrhau cyfartaledd i'r dyn du.

Welsh American Soldiers
(on the trail of the men of 1861-5)

It's estimated that as many as 10,000 Welshmen fought for their new homeland during the American Civil War. This series of poems commemorates them and the continuing struggle to secure full equality for African Americans.

(1) Mab Darogan

*(i Barack Obama,
Louisiana, 2008)*

Wedi p'nawn hir yn rhyfeddu'n swrth
at y plastai mawrion â'r colofnau gwynion,
(beddrodau cyfoeth yn llygad yr haul),

daeth niwl ar lannau'r Mississippi gyda'r hwyr,
y pontydd fel ysbrydion pell
a'r arwyddion neon yn nofio,   ,
wedi gollwng angor o'r strydoedd islaw ...

Ac ar y teledu, yn ôl yn y gwesty,
daeth hud ar genedl gyfan
ac ymgollais yn y jiwbili fawr
wrth i ddyn o'r hen gyfandir
gynnig ei obeithion powld,
i genedl gyfan gyndyn
o wynion a chyngaethion ...

Ond ar sianel arall,
yng nghannwyll llygad rhyw stadiwm bêl-droed,
gwelais gewri duon
yn hyt-hyt-hyrddio'n chwyrn i'w gilydd,
ac enwau fy hil innau,
yn Evans a Griffiths a Davis a Jones
yn warthnod ar eu gwarrau llydan ...

(1) Son of Prophecy

*(for Barack Obama,
Louisiana, 2008)*

After a long afternoon marvelling drowsily
at the white columned mansions,
the whitéd sepulchres of wealth beneath the staring sun,

evening brought mist to the Missisippi townships;
bridges like distant ghosts ...
and the neon signs swam,
slipping anchor from the streets below ...

And on TV, back at the hotel,
a whole nation was under a spell
and I celebrated with them
this new jubilee,
as a man from the dark continent
offered his audacious hopes,
to an uneasy one-nation audience
of whites and former slaves ...

On another channel
I saw a storm of black giants
in the very eye of a new stadium,
hut-hut-hurling themselves at each other,
and the names of our nation,
Evans and Griffiths and Davis and Jones
on the broad shoulders of our "brothers"
branding our shame ...

A phan gwyd yr hud, pan dawdd y niwl,
camp i'r mab darogan hwn
roi cnawd am esgyrn etholiad,
chwythu anadl i'r gobeithion powld,
ac impio croen yfory
ar greithiau ddoe ...

And what a feat it will be,
for this son of prophecy
to put flesh on the bones of election,
breathe life into bold hopes
and to graft tomorrow's skin
over the scars of yesterday,
when the magic of the mist melts away ...

(2) Dechrau'r daith

(Efrog Newydd, 2002)

Sgrech ellyll o'r injan jet,
ac ymwahanaf â'r llawr;

codaf o fyd lle mae rhacs plastig hen fagiau
yn dwrdio'r gwynt, ynghrog ar gangau,

byd sydd â banciau a fferyllfeydd *drive-thru*,
i ni droi yn ein cylchoedd yn gynt,

byd sy'n barcôdio ein llygaid llo
hefo holl inciau'r enfys ...

Ehedaf
trwy fachlud y Mericia Gymraeg
i geisio adfer cof am fyd symlach,
ar drywydd olion rhyfel brwnt ...

(2) Journey's beginning

(New York, 2002)

A demon scream from the jet engines,
and I lift off from the ground;

up from a world where rags of old plastic bags
scold the wind, wrapped round branches,

a world which has drive-thru
pharmacies and banks,
so we can spin ever quicker
in our decreasing circles,

a world which barcodes our eyes
with all the inks of the rainbow ...

I fly through the sunset of Welsh America,
teasing out the fading traces
of a vicious war
in a simpler world.

(3) Recriwtio'n Ty'n Rhos

(Ohio, 1861)

Daethant o'r caeau newydd,
lle bu bwyeill eu tadau'n canu yn y coed,
genhedlaeth arloesol ynghynt ...

    (heddiw, mae'r caeau'n fforestydd drachefn,
    yn cuddio'r cartrefi trailer)

Daethant o'r trefi bychain,
lle roedd carnau ceffylau
yn gweu patrymau yn nhawelwch y dydd ...

    (heddiw, weiars pry cop ar draws yr awyr
    sydd yn gludo eneidiau ynghyd)

Daethant o'r capeli caban pren
a'r anghydffurfiaeth alltud
oedd yn eu llenwi a'u llythrenogi ...

    (heddiw, mewn llythrennau sinema:
    "God accepts knee-mail")

Daethant at lannau afon Ohio,
rhannu Beiblau, a chanu'n iach,
wrth i'r cychod olwyno'n fras
a hwythau ar antur oes,
yn ffroeni'r awel newydd fel gwin drud.

(3) Recruiting at Ty'n Rhos

(Ohio, 1861)

They came from the new fields,
where their fathers' axes
had rung in the trees,
a pioneering generation ago ...

    (today, the fields are forest once more,
    hiding the trailer homes)

They came from the small townships,
where horses' hooves
wove patterns in the quiet dust of the day ...

    (today, wires spidering across the sky
    cleave soul unto soul)

They came from the log cabin chapels,
from an exiled nonconformity
that filled them and gave them literacy ...

    (today, in cinema type:
    "God accepts knee-mail")

They came to the banks of the Ohio,
shared out Bibles, bade their farewells,
and as the steamers arced out wide
on the adventure of a lifetime,
they sniffed that new breeze
like a fine wine.

(4) Llythyr adre

(Camp Falmouth, Virginia, 1863)

"Evan, wedi ei alw i fod yn filwr,
trwy orchymyn Abe,
at ei wraig, yr hon sydd yn Granville"

... dyma gabledd o epistol na allaf ei gwblhau ...

Gwrandawaf ar y glaw ar ganfas
yn disgwyl gwawr wlyb arall
fydd yn tanio peswch byddin gyfan;

Yr wyf yn oer, a'm hemosiynau'n breuo ...

Beth yw trydan dy groen mewn gwely plu
a'th ddwylo fel menyg croen myn ar fy nghefn?

Dim ond plisgyn brawddeg
a minnau'n oer, yn potelu chwys oer,
yn yfed rhaeadrau o gwrw-pan-ga-i,
nes fod sglein ar fy ngwep
a noson ddi-freuddwyd o'm blaen

heb gyfeillion Antietam yn gwmni ...

y meirwon â llygaid yn blodeuo dros eu cyrff,
yn gweiddi'n fud,
ac yn piso mewn poen,
drachefn a thrachefn yn fy mhen ...

(4) Letter home

(Camp Falmouth, Virginia, 1863)

"Evan, called to be a soldier,
at the behest of Abe,
to my wife, who art in Granville"

... here's a blasphemous epistle that I cannot complete ...

I listen to the rain on canvas
waiting for another wet dawn
to fire up the coughing of an entire army;

I am cold, and my emotions wear thin ...

What now is the thrill of your skin in a feather bed,
your hands like kid gloves over my back?

Nothing but the spent husk of a sentence,
as I grow cold, bottling cold sweat,
drinking waterfalls
of whenever-I-can-get-it beer,
till there's a smile on my chops
and a dreamless night before me

without my friends from Antietam for company ...

the dead with eyes
flowering all over their bodies,
shouting silently,
and pissing in pain,
again and again in my head ...

(5) Carchar rhyfel

(Andersonville, Georgia, 1864)

Mae oernad hwter trên y nos
yn 'nelu o hyd tua Andersonville,
yn filltir a hanner o olwynion
ailadroddus, ailadroddus, ailadroddus.

Mae'r nos yn ddall ...
a thrannoeth, rhaid mynd
fel y milwyr gynt, i ben y daith.

Sesbin casineb fu'n gwasgu'r dynion
fesul dengmil rhwng magwyrydd
y gorlan garchar hon, heb flewyn o gysgod
rhag haul angheuol Georgia
fu'n bridio bacteria o'r crindir cras,
ac o ddyfroedd domlyd yr unig nant,
ac o'r bara prin oedd yn berwi o gynrhon.

Yma, yn yr awyr lethol, leithboeth
fu'n hir mewn ffroenau eraill o'ch blaen,
bu angau'n amlhau.

Mae'n oeri cyn storom,
a chlywaf daran anniddig o hir
wrth gyrraedd y beddi gwyn
ailadroddus, ailadroddus, ailadroddus,
a guddiwyd rhag gwg y dre;
a'u cerrig mor agos â dannedd perffaith,
am fod dynion a sgerbydwyd cyn trengi,
yn cymryd llai o le ...

(5) War prison

(Andersonville, Georgia, 1864)

The forlorn cry of the night train's horn
still heads down towards Andersonville,
a mile and a half of wheels,
repetitive wheels, repetitive wheels.

The night is blind ...
and next day, I must go
like the soldiers of yore, to our journey's end.

A shoehorn of hate squeezed these men
in their ten thousands between the walls
of this prison stockade,
without so much as a grassblade of shade
from Georgia's deadly sun,
that bred bacteria from the hard-baked earth,
from the dung-soiled waters of the only stream,
from the meagre bread that boiled with maggots.

Here, in the damp oppressive heat,
that dwelt too long in other nostrils
before your own, death multiplied its dominion.

It grows cold before a storm,
I hear a peal of thunder, unpleasantly long
as I reach the bleached headstones,
bleached repetitive headstones,
headstones as close as perfect teeth,
hidden here from the town's frowning face;
because men made skeletons before they die,
don't take up so much space ...

(6) Cyn brwydr

(Cold Harbor, Virginia, 1864)

Mae'r nos yn llawn dynion;
maen nhw'n gwybod ...

rhai'n gweddïo, rhai'n 'sgwennu adre
rhai'n gorwedd yn llorweddol eisoes
yn arbrofi ag ebargofiant ...

Mae llam y fflamau'n lluchio
siapiau melyn dros y milwyr;
mae rhai'n gwnïo'u henwau ar eu cotiau ...

Maen nhw'n gwybod ...

yfory bydd y caeau'n llawn cyrff.

(6) Before battle

(Cold Harbor, Virginia, 1864)

The night is full of men;
men who know ...

some praying, some writing home
some lying down, horizontal already
experimenting with eternity ...

The burning of the flames throws
sulphur-yellow shapes across the soldiers;
some are sewing their names on their coats ...

Because they know ...

that tomorrow,
corpses will fill the fields.

(7) Dilyn John Griffith Jones

(Jefferson Parish, Louisiana, 1864)

Coed yw meddyliau Duw:
heddiw'n llipa, a'r haul yn jig-so symudliw ara'
ar wyneb gwres y swamp ...

Caf innau gwch i drwyna drwy'i dirgelwch,
llithro trwy'r corsydd cynnes a'u llenni mwsog
lle bu yntau'n bracsu'n chwys brethyn,
yn mesur peryg ym mhellter y nadredd,
yn rhyfeddu at gyfarth y 'gators,
a'r swamp yn bowltis o bydredd am ei goesau.

Mae'i lythyrau gennym o hyd, fel rhyw gymuned goll ...
o Grand Gulf i Black River; o Vicksburg i fan hyn.

Mae'u papur yn tywyllu gan storom yn fy mhen;
gwaeddaf ar draws y degawdau,
ond nid yw'n clywed dim,
yn baglu o hyd i'w sgarmes ola
wedi tair blynedd boeth o ryfela,
a'i wyneb yn newid fel llwynog o haul;

hogyn ysgol Sul o Wisconsin
yn gelain-goch ar ei ochr, yn syllu fel pysgodyn
fil o filltiroedd o'i gartra
dan goed y swamp yn Louisiana.

(7) In the footsteps of John Griffith Jones

(Jefferson Parish, Louisiana, 1864)

"Trees are the thoughts of God":
limp today, with the sun a slow- moving jigsaw of colour
on the surface heat of the swamp ...

I have a boat to nose through its mysteries,
slipping through the warm bogs
and hangings of Spanish moss,
where he waded in a heavy uniform sweat,
measuring danger in the distance of snakes,
marvelling at the 'gators barking,
with the swamp a poultice of corruption on his legs.

We still have his letters, a lost tribe ...
from Grand Gulf to Black River; and from Vicksburg to here.

Their paper grows dark as a storm builds in my head;
I shout across the many years,
but he hears nothing,
and still he stumbles into his last skirmish,
after three hot years of battle;
his face changes like a cloud before the sun,

a Sunday school boy from Wisconsin
corpse-red, on his side, staring like a salmon
a thousand miles from "cartra"
beneath the swamp trees of Louisiana.

(8) Yr Orymdaith Fawreddog

(Pennsylvania Avenue, Washington, 1865)

Safai Brady â chamera parod
i rewi'r dymestl o ryddhad;

y byddinoedd buddugol yn gorymdeithio,
blodau fel llygaid yn gawodydd arnynt,
Pennsylvania Avenue yn lifrai Mai.

Ond methodd y dechnoleg â dal y byw,
y milwyr yn toddi heibio, yn ysbrydion cyn eu hamser,
fel y rhai a briddwyd eisoes.

Camgymeriad campus o lun,
mewn gwlad sy'n dal i fartsio tua rhyw dragwyddoldeb llac,
gan anwybyddu'r beddi y tu draw i'r Potomac.

(8) The Grand Parade

(Pennsylvania Avenue, Washington, 1865)

Brady stood with camera ready
to freeze the downpour of relief;

the victorious armies in procession,
flowers like eyes showering upon them,
Pennsylvania Avenue in the uniform of May.

But the technology could not capture the quick,
the soldiers melting past,
ghosts before their time
like the comrades they'd buried already.

As a photo? A beautiful mistake,
in a country that still marches
towards some vague eternity,
on a track that ignores those graves
across the Potomac.

(9) Tu draw i'r Potomac

(Mynwent Arlington, Virginia)

Mae adlais yn y rhesi beddi hyn
o'r lluoedd yn cysgu fel llwyau
yn ffosydd y gaea' gynt;
claddwyd sawl fory fa'ma.

Ychydig a welem o'u tyrchu i'r wyneb:
ambell fwled fel marblen mewn penglog,
ambell fraich neu goes ar goll,

ond "eu henwau'n perarogli sydd",
yn Hopkins a Parry, Matthias a Jones;
prynasant gywilydd eu cefndryd du.

(9) Beyond the Potomac

(Arlington National Cemetery, Virginia)

There are resonances in these rows of graves,
of regiments who would sleep like spoons
for warmth, in the trenches of winter;
too many tomorrows are buried here.

Digging them up would show us but little:
the odd bullet like a marble in a skull,
the odd arm or missing leg,

but "for evermore we honour their names",
each Hopkins, Parry, Matthias and Jones;
their blood redeemed their black cousins' shame.

(10) Fort Sumter, De Carolina

Dan y *palmettos* trofannol,
mae'r pelicaniaid yn plymio'n flêr,
yn bombardio'r pysgod yn harbwr Charleston.

Yma, fel y gwyddys, oedd y tanio at ynys
fu'n gychwyn i'r gyflafan;
yma bu'r caethfeistri yn eu rhwysg cyn hynny;
yma troes meibion y Gaethglud yn filwyr dros yr Iawn;
yma bu delfrydau'n troi tu min
ac egwyddor yn foddfa o waed ...

Beth, tybed sydd yma 'nawr?

Dwi'n croesi at yr ynys,
a'i baneri'n clepian uwch ein pennau,
gan grwydro'r adfeilion cymen
yng nghwmni llond cwch o blant du,
trip Ysgol Sul o ddiniweidrwydd,
er bod brawd mawr ambell un
heddiw'n Ercwlff yn y Gwlff
... yn gwnïo ei enw ar ei grys ...

Ond dyw'r plant ddim yn gwybod.
Does dim brys ...

Trown yn ôl at y tir mawr,
gan ryfeddu at y pelicaniaid
a physgod fel fflachiadau cleddyfau,
yn dal i hoywi i lawr eu gyddfau.

(10) Fort Sumter, South Carolina

Beneath the tropical palmettos,
pelicans dive untidily,
bombarding the fish in Charleston harbour.

Here, as we're taught,
firing at the island set off the slaughter;
here the slaveowners held sway till that day;
here the children of exodus
became soldiers for atonement;
here ideas acquired a vicious edge
and principles drowned in blood ...

What then, remains here now?

I cross over to the island;
its flags clapping above our heads,
as I wander through the manicured ruins
with a boatload of black schoolkids;
a Sunday school trip of innocents,
though some may have a big brother
playing Hercules in the Gulf
... sewing his name on his shirt ...

But there's no rush to tell them.
What they don't know, won't hurt ...

We turn back for the mainland,
marvelling at the pelicans,
and those fish flashing like bayonets,
slipping bright and live down their gullets.

(11) Diwedd y daith

(Efrog Newydd, 2008)

Mae 'na ffilmiau mud o'r feterans ola
â'u barfau llaeswyn, ar y strydoedd hyn,
yn anelu ffyn cerdded fel gynnau,

i ddifyrru plant du a gwyn y tridegau;
hen deidiau, yn mynd trwy'u pethau
... ond mae'r feteran ola wedi hen farw ...

Glaniaf yn ôl, a'r heddiw Americanaidd
yn datod clymau'r ddoe Gymraeg ...

* * *

Mae'n nosi yn Efrog Newydd;
ac mae coed Central Park yn ferw o frain ...

Mae'n nosi'n Wisconsin a Kansas;
mae lleisiau'r diaspora'n distewi,
a gweddw hanes heb neb i'w thrafod heddiw ...

Tua'r gorllewin, mae'n nosi;
ac ofer i holl inciau'r enfys
geisio gwyrdroi gogoniant y gwyll hwn ...

(11) Journey's end

(New York, 2008)

There are silent films of the last veterans
on these very streets, with their Uncle Sam beards,
aiming their walking sticks like rifles,

diverting the children in those black and white thirties;
great-grandfathers, acting out old certainties
... but the last veteran is long dead ...

Touchdown once again,
and the American present
unpicks the ties to a Welsh past ...

* * *

Night comes down in New York City;
Central Park's trees are a cauldron of crows ...

Night comes down in Wisconsin and Kansas;
the voices of the diaspora grow faint,
history is widowed by its lost today ...

Night comes down all over the west;
and all the inks of the rainbow cannot reverse
the perverse glory of this twilight ...

2012-17

Cerddi heb eu Casglu

Uncollected Poems

Camp

'Mond gwenu wnaeth hi,
yn Drizabone-drwsiadus
wrth dywys ei merlyn drwy'r giât.

Roedd hi'n fore teg o Fai
a'r blagur yn ffrwydro
a minnau'n coedio mynd
â sicrwydd Ordnance Survey
yn fy llaw.

Canu ar fy nhafod
wnâi litani'r murddunod
na fedrai ond un iaith eu codi,
am y gwyddwn
fod y caeau'n cyd-anadlu â ni,
fod y coed yn erfyn
inni gynudo danynt;
am 'bod hi'n fore teg o Fai.

A dyma'r ferch yn troi i'w thyddyn
a'i merlyn yn ei chanlyn
a minnau'n ei chyfarch â 'Sut mae'i?'.

'mond gwenu wnaeth hi,
rhwng swildod ac anneall ...

A feat

She only smiled,
well-dressed in Drizabone
as she led her pony through the gate.

It was a fine May morning
buds exploding
as I strode along
Ordnance Survey certainty
in my hand.

A litany of ruined cottage names
that only one language could have built
tripped off my tongue
because I knew
the fields breathed in time with me,
the trees urged me
to forage for firewood beneath their boughs;
because it was a fine May morning.

The woman turns for her cottage,
her pony keeping company
and I greet her with a 'Sut mae'i?'.

She only smiled,
somewhere between shyness and incomprehension ...

ac yn yr eiliad anghyfiaith honno
dyma finnau'n stondio
am fod cannoedd a miloedd
o wenau tebyg
yn cerdded yn dawel
dan wyneb ein diwylliant,

yn sychbydru beunydd,

ac eto ...

'mond gwenu wnaeth hi ...

and in that moment we were unlanguaged
and I was stilled in my tracks
because hundreds and thousands
of such smiles
worm their way quietly
beneath the surface of our culture,

decaying us daily,

and yet ...

she only smiled ...

Agor y drws

*(yn ystod y brotest fudr yng ngharchar y Maze, achubodd
llawer o'r carcharorion ar y cyfle i feistroli'i hiaith gynhenid.
Ymhlith y cerddi a ddysgid oedd 'Mise Éire' ('Iwerddon wyf i')
gan Padraig Pearse.)*

"*Mise Éire ...*"
yn sgothi protest dros furiau 'nghell:
mae'r oglau'n cau amdanaf
ac mae 'mhlanced yn dynnach fyth,
yn anwes am agendor sydd ynof.

"*Mise Éire ... mór mo náire*"
Mae'r sialc rhwng bysedd crapach
yn baglu'n draed brain
dros waliau'r gell,
yn her i'r drefn iaith fain.
A rhaid moeli'r clustiau i'r athro pell
sy'n arthio'i wers o bendraw'r "*Jailtacht*",
yn ei bloeddio'n llatai
drwy'r dosbarth llwm
sy'n drewi dros naw cell a chamfa.
A ninnau, ei ddisgyblion, yn rhynnu'n noeth,
ond yn llowcio'i lith o eiriau ...

"*Mise Éire,*
Uaigní mé ná an Cailleach Béara"
Mae'r cytseiniaid cul a llydan
yn chwalu 'mhen,
ond mae 'nhafod yn sychedu amdanynt,

Opening the door

(during the dirty protest in the H Blocks many prisoners took the opportunity to master their native language. Amongst the poems that they would commit to memory was 'Mise Éire' ('I am Ireland') by Padraig Pearse.)

"*Mise Éire ...*"
– smearing protest on the walls of my cell:
the smell wraps about me
and my blanket is tighter still,
enfolding the void within.

"*Mise Éire ... mór mo náire*"
The chalk between frozen fingers
falters crows feet letters
across the cell walls,
a challenge to their English rules.

And you have to strain your ears
to catch your distant tutor
bellowing his go-between lesson
from the far end of the "*Jailtacht*",
it traverses the spartan classrooms
which stink to Belfast and back.
And we pupils shiver naked,
lapping up the milk of his learning ...

"*Mise Éire,*
Uaigní mé ná an Cailleach Béara"
Those broad and slender consonants
are doing my head in,
but my tongue thirsts for them,

yn awchu eu gollwng,
fel hedydd, yn rhydd.
Canys felly y disgynno'r blanced o'm hysgwyddau
a blodeua *"Mise Éire"*
ar dalcenni'r terasau
ar draws Béal Feirste ...

a gwn wedyn,
y daw ein dydd ...

desperate to set them free,
like skylarks.
For that is how the blanket will fall
from my shoulders
and "*Mise Éire*" will flower forth
on terrace ends across Belfast ...

and I know then,
that our day will come ...

Man Us

(Er cof am Gwyn Thomas)

Mân us ein dyddiau segur
a chwâl o flaen y gwynt;
ond nithiodd yntau'r eiliadau gwenith,
a melino'i brofiadau'n flawd,
canys dyna fara ei fywyd.
A hwn a wnaeth yn fawr o'i amser,
o fore gwyn tan nos ...

Ac efe a ganfyddai wenith i'w ddeheulaw
pan welai eraill ddim namyn us,
a'i hulio gerbron ei bobl, yn eu hiaith hwythau,
(a bys ei law aswy'n ategu ei bwynt!)
Bu'n gyfrwng unigryw i'r hen rymusterau,
a gwenai yn wyneb jôcs gwael yr angau ...

Bydd sŵn ei gerddi'n dal i grafu'r nos,
wrth redeg heno ar domennydd yr hil
ond ciliodd ei lais yn ôl i'r geiriau.
Ac o fore gwyn tan nos,
mae'r ffôn yn canu gwrogaeth
mewn tŷ sydd hanner gwag ...

Wheat and chaff

(In memory of Gwyn Thomas)

Our idle days will scatter
like chaff before the wind;
but he would winnow the wheaten moments,
and mill his experiences into flour,
for this was the staff of his life,
and he made the most of his allotted time
from first light to nightfall.

And he could find wheat unto his right hand
where others saw only chaff,
and he set it before his people,
in ways they understood,
(as the finger of his left hand
jabbed the point home!)
He was a medium for an ancient vigour
and laughed at Death's poor sense of humour ...

The sound of his poems will still scrape at the night,
as they slip down our nation's spoil-tips.
But his voice has retreated into his words;
and from first light to nightfall,
the phone rings its homage
in a house half empty now ...

Esgus

Yma'n Majdanek,
yn uffern normal Majdanek,
lle mae'r cyrn wedi hen oeri,
a chwydfa'r mwg olaf yn atgof pell,
mae'r llwch yn dal i godi ...

Yma'n y fflatiau cyfagos,
agorwn gyrtansia'r bore
ar uffern normal Majdanek,
 y cytiau pren
 lle roedd cadwyni o freuddwydion ffyrnig
 yn uno'r Iddewon bob nos,

 y filiwn o sgidiau gweddw
 gadawsant ar eu hôl,

 a'r "Luftgrabe",
 – "y bedd yn yr awyr" –
 sy'n chwyrlïo o gwmpas y fflatiau hyn o hyd ...

Yma'n nhywyllwch fy 'stafell,
dwi'n tystiolaethu unwaith eto;
mae blodau'r fynwent ar y dwylo
sy'n dirwyn y ffilm drwy ddanedd yr olwynion.

 Ac mae'n 1939 drachefn;
 tonnau mud ar draethau'r Baltig;
 y môr lemonêd a'i swigod arian
 yn byrstio'n yr haul olaf ...

Excuse

Here in Majdanek,
in the normalised hell of Majdanek,
whose chimneys have long since cooled,
whose last gout of smoke is a distant memory,
the dust still rises ...

Here in the tenements next door,
we open the morning curtains
on the normalised hell of Majdanek,
   on the wooden huts
   where chains of fierce dreams
   united Jews each night,

   on the millions of widowed shoes
   that they left behind,

   and on the "Luftgrabe",
   – "the grave in the air" –
   which swirls around these tenements still ...

Here in the darkness of my room,
I bear witness once again;
liver-spotted hands guide our film
through the teeth of the gate.

   And it's 1939 once more;
   silent waves on a Baltic beach;
   a lemonade sea with silver bubbles
   bursting in that last sun ...

Mae'r gwynt yn troi dy wallt
yn llen am dy wyneb,
cyn i law ifanc drwsio dy wên ansicr ...
a gweled yr wyf yr awr hon
trwy ddrych, mewn dameg ...

Tu allan, lle mae'r trydan i'r tramiau
fel weiren bigog ar bob cydwybod,
mae lle i amau llygaid pawb
dros oed rhyw addewid,
a wyliodd gymaint heb weled dim;

ac mae'r esgus yn gansar
ymhob un ohonom ...

Daw'r ffilm i ben;
mae'r llun yn llosgi'n ddim
ac mae dy lwch
yn chwrlïo-ddisgyn drwy'r goleuni ...

The wind curtains your hair
round your face,
before a young hand retrieves your uncertain smile ...
and I see all this now
through a glass darkly ...

Outside, the electric for the trams
is like barbed wire on each and every conscience;
the eyes of all
who've passed their three score years and ten,
must be doubted
the eyes that watched so much, yet saw nothing;

our excuse is a cancer
in us all ...

The film comes to an end;
the last frame burns to nought
and your dust
swirls and falls through the light beam ...

Croen

Pererinion anfoddog oeddym,
yn Rhosyr, mewn minibỳs ysgol;
a'i weipars yn marcio'r eiliadau hir,
a'r glaw wedi dwyn yr olygfa.

"Poni welwch chwi ...?" meddai Syr;
a cheisio consurio storom ola'r tywysogion
a'u sêr yn syrthio;
a sut y daeth adar corff i flingo'r llys;
tynnu asennau'r to,
a chario'r cerrig i Gaernarfon.

Ac yna, meddai,
daeth y deri i ymdaro eilwaith
a'r môr yn merwino'r tir,
nes oedd twyni tywod wedi trwsio creithiau'r llys,
a'r hen friw yn llyfn, yn angof.

Ac felly bu, meddai Syr,
nes i ninnau gael ein geni;
a daeth stiwdants o rywle i rofio'r tywod,
plicio'r canrifoedd
yn llawfeddygol gysact;
ac "edrychwch", meddai,
"poni welwch chwi ...?"

Skin

We were reluctant pilgrims,
in our school minibus to Rhosyr;
long seconds ticked off by its wipers,
the rain had stolen the view.

"Do ye not see ...?" quoted Sir;
as he tried to conjure the last storm of the princes
with their stars falling;
and how the vultures came to pick over the court's corpse;
removed the ribs of the roof,
and carried the stones to Caernarfon.

"But then", he said,
"the very oaks clashed once more
the sea smote at the land",
till sand dunes mended the scars of the court,
smoothing an old wound into oblivion.

And that's how it was, said Sir,
till the time when we were born;
and students from somewhere came to dig the sand,
peel back the centuries
with surgical precision;
and "look", he said,
"Do ye not see ...?"

Ac edrychasom (i'w blesio).
A gwelsom, drwy'r weipars a'r glaw,
fonion waliau
yn gwarchod gwacter;

gwelsom graffiti dau gariad
fu'n ceisio llonydd yma;

a gwelsom ein hunain, megis drwy wydr,
fel pobl a gollodd bwysau'n rhy sydyn,
yn teimlo eu hanes
yn llac amdanyn.

So we looked (just to please him).
And we saw, through wipers and rain,
the stumps of walls
embracing emptiness;

we saw two lovers' graffiti
who came here to be alone;

and we saw ourselves, as if in a mirror,
like a people who lost weight too quickly,
and feel their history
hanging on them loosely.

Darllen ei grys

Clec ar ôl clec yn nhawelwch y ffos;
mae Ellis Evans yn darllen ei grys.

Plyga'i ben dros destun sy'n ei ysu'n fyw
a'i 'winedd yn clecian
ac yn ysgwyd llythyren 'rôl llythyren goch o'r wlanen;
"cadfridog diwyd y difa distaw";

mor ddistaw fel y clywo'i hun yn llyncu'n sych,
megis cyn datod botymau cynta cariad
a diffodd gwrthsafiad â ffrwydrad gwefusau
– bu llun honna'n gynnes dan ei grys ...

A manion fel'na sy'n ei sadio:
cusan rasal; gweld ei hun mewn llygad o ddrych ...
Nes gwisgo ohono ei grys drachefn

a diflannu,
i wead map ar fwrdd pencadlys,
i slaes pensil o ymosodiad coch;
a chadfridog arall yn chwythu
naddion ei finiwr o blygion ei fap.

Clec ar ôl clec yn nhawelwch y ffos ...

Reading his shirt

Crack, after crack, in the quiet of a trench ...
Ellis Evans is reading his shirt.

Head bent to a text that's eating him raw,
nails cracking and shaking
letter after red letter from the flannel,
busily generalling a silent slaughter ...

... so silent
that he hears his own nervous swallow,
just as when love's buttons were first undone
and resistance mopped up
with a barrage of lips
– her picture is still warm beneath his shirt.

And it's details like this that steady a man;
the razor's kiss; the self seen briefly in the mirror's eye,
until he dons his shirt once more ...

and disappears,
into a map on an HQ table,
the pencil slash of a scarlet attack,
as another general blows pencil shavings
from the folds of his new offensive ...

Crack, after crack, in the quiet of a trench ...

Terasau

I'r strydoedd cymen hyn, daeth rhesi bechgyn
yn cadw'u patrwm megis cynt, wrth groesi tir neb.

Mae canrif wedi ail-lasu'r tir
a chwythwyd mewn eiliadau gwaed ...
rhidyllu'i ymysgaroedd ... ffrwydro'i gnawd.
Bu'n gysgod i'r bechgyn rhag y storom ddur
a'r drysau tyweirch yn cau'n dawel ar eu hôl.

Daethant o strydoedd cyfyng cyffelyb,
lle bu corn y gad yn corlannu cyfeillion
ar gyfer y fenter fawr,
cyn i'r tai wincio'u bleinds
o un i un.

Heno, mae'r cerrig yn wyn fel esgyrn
a heulwen yr hwyr yn naddu'r enwau'n berffaith,
yn bwrw cysgodion hir.

Ddaw neb i darfu ar ango'r cymdogion,
dim ond ambell ddieithryn,
o'r dyfodol nas cawsant,
yn craffu'n ddi-ddeall ar Braille yr enwau,
am fod y drysau i gyd ar glo.

Terraces

To these streets of neatness came rows on rows of lads,
keeping in ranks just as they did, when crossing no man's land.

A hundred years have re-greened this ground,
that was blown up in moments of blood ...
its entrails collandered ... its surface unfleshed.
For these boys it was shelter
from the storm of flying steel
and the turf doors shut quietly behind them.

They came from similiarly narrow streets,
where pals were penned together
by the great adventure's call,
till their homes winked their blinds one by one.

Their graves are bone white
in this evening's sunshine;
It chisels the names in perfect relief,
casts long shadows

No-one disturbs the neighbours' oblivion,
just the occasional stranger
from a future they were denied,
who squints unknowing
at the Braille of their names;
their doors, as always, all locked tight.

Mwg

(Er cof am Olwen Dafydd)

Ac wele'r mwg main a weindiodd nôl i'r corn
a ninnau'r dorf yn cilio wysg ein cefnau
o gynteddau'r Angau.
Ac adre aethom i gadw'r cotiau du,
i dynnu'r cardiau o'u hamlenni
a'u rhoi yn ôl yn 'drôr.

Daeth car i'th hebrwng nôl i'r tŷ,
i wella'n ara' deg.
Cafodd y genod fendith dy gwmni
a chlapio pan dynnwyd y tiwbiau.
Cefaist ha' bach Mihangel
a'r afalau'n neidio'n ôl i gangau'r coed.

A rhyw ddiwrnod, rhwng dau olau,
pan oedd anadl y plant yn gwmwl ar ffenest,
cest di ddysgu iddynt wneud tân oer;
a'r dwylo bach yn plethu'r papur newydd,
yn pentyrru cariad i'r grât,
i'w cadw'n gynnes, gydol y gaea' hir.

Smoke

(In memory of Olwen Dafydd)

And lo! The thin plume wound downward into its stack
and we, the crowd, slipped backwards
away from the halls of death.
And home we went, to hang up our funeral coats,
to take the cards from their envelopes,
and put them back in the drawer.

A car came to carry you home
to recuperate slowly.
Your girls were blessed with your company
and clapped when the tubes were taken away.
You enjoyed an Indian summer,
the apples jumped back into the trees;

and one day between dark and dawn,
as your children's breath misted the window,
you had time to teach them how to lay a fire,
their little hands twisting newspaper spills,
piling up love in the grate
to keep them warm, the long winter tide.

2013

'Terfysg'

(Turbulence)

(1) Darnio

Wedi'r elwch, tawelwch sydd,
sgyrsiau ar eu hanner,
llinellau gweddw ...

ac mae'r cyfrifiad jest yn brifo;
ni ddylid darllen ei ffigurau
ar ôl hanner nos

pan fo dy wyneb
yn lleuad uwch bysellfwrdd,
a'th lygaid yn nofio yn erbyn y sgrîn.

Mae'r rhifau'n rhedeg
fel cloc tywod ...
a ph'le mae'r geiriau i gyd yn mynd?

Oes modd eu hawlio nôl
o'r tawelwch llethol
di-derfysg?

(1) Disintegration

After the revelling, there is silence,
half-finished conversations,
widowed lines ...

and the census just hurts;
its figures shouldn't be read
after midnight

when your face
is a moon over the keyboard,
and your eyes swim against the screen.

The numbers run down
like sand in an hourglass ...
and where do all the words go?

Can they be reclaimed
from the deadly calm
of silence?

(GL)

(2) 11.12.12

Buom yma o'r blaen,
"... y môr yn merwino'r tir,
a'r sêr yn syrthio" ...

ac euthum am dro wedi'r dilyw
i weled pell yn agos, ar hen lwybr,
a'r haul yn llenwi'r pyllau â'i oleuni,
yn bathu ôl traed oren ar lawr.

Bu sawl un yn cerdded yma o'm blaen,
gan droedio rhyw bytiau o straeon i'r tir;
u bedol, u bedol rhyw ferlen;
sgwennu *kanji* pawennau'r cŵn
a theiar beic fel cromfachau am y cyfan.

Ac roedd haul neu farrug wedi sychu'r stori;
yr haenau o hanes,
eiliadau, neu ddyddiau hwyrach, ar wahân,
nes i draed a charnau eraill
droi'r brawddegau'n llwch
a'u chwalu'n ddalen lân.

(2) 11.12.12

We've been here before,
"... the sea stinging the land,
and the stars falling" ...

and I went for a walk after the rain
to see the distance close up, on an old path,
while the sun filled the puddles with its light,
minting orange footprints on the ground.

Many have walked here before me,
treading bits of stories into the earth;
the u's of some pony's horseshoes;
the *kanji* script of dogs' pawprints,
all bracketed by bike tyre tracks.

And sun or frost had dried the story;
the layers of history,
moments, or perhaps days, apart,
until other feet and hooves
turned the sentences into dust
and rubbed the page clean, for a new start.

(GL)

(3) Ystrad Fflur

Mae'r hen fynachlog
wedi gollwng ei gwallt yn rhydd,

ond er godidoced y bwa,
yr hyn sy'n fy hudo innau
yw'r grisiau sy'n gorffen ar eu hanner,
yn ofer-droi yn erbyn yr awyr,
yn ceisio cydio yng nghorcyn hen hanes;
y peth cyfrin hwnnw sy'n sancteiddio'r lle.

Eisteddaf weithiau ar y gris uchaf
a dychmygu dringo'n uwch,
tynnu'r corcyn cyndyn;
ac ar draws yr adfeilion
bydd y gorffennol yn ffrydio'n ôl fel gwin;

y ffatri weddïau ar waith unwaith eto,
y mynachod gwynion yn noddi'r tlawd
a'r beirdd yn canu eu mawl ...
nes y daw chwalfa Cromwell
a throi abaty hardd yn chwarel.

(3) Strata Florida

The old monastery
has let its hair down,

but magnificent as the arch is,
what attracts me
are the stairways that end halfway,
vainly spiralling against the sky,
trying to grip the cork of ancient history;
that mystical thing that sanctifies this spot.

I sometimes sit on the top step
and imagine climbing higher,
pulling the unyielding cork;
so that across the ruins
the past comes flooding back like wine;

the prayer factory at work again,
the white-robed monks supporting the poor
while the poets sing their praises ...
till Cromwell's destruction razes
a beautiful abbey into a quarry.

(GL)

(4) Entropi

(i AJW)

Pe teflid y meini sanctaidd yma
i'r awyr fil o weithiau,
ni fyddent yn glanio fel hyn yn ôl.

Mae pob sgwrs mewn carreg
yn datod, dymchwel,
y cystrawennau'n cracio,

pobl fel morgrug
yn cario'r geiriau cerfiedig i ffwrdd,
a'r seiniau pwyth-drwodd o fol y waliau,

i godi rhywbeth newydd;
a fydd hefyd
yn disgyn yn ei dro ...

(4) Entropy

(for AJW)

If these holy stones were thrown
into the air a thousand times,
they wouldn't land back like this.

All conversations in stone
crumble, collapse,
the syntaxes snap,

for ant-like people
to carry away the carved words,
and the tie-stoned sounds from the walls' belly,

to build something new;
which will itself
fall in turn ...

(GL)

(5) Glaw

"Cerddoriaeth gynta ein gwlad
oedd pitran y glaw yn y coed";

ac i ddechrau
roedden ni'n symud yn ffraeth
rhwng cawodydd,
mynd dros y mynydd,
o lech i lwyn,
o gymal i gymal;
croesacennu â'r glaw yn ôl y gofyn ...

Ond aeth y ddrycin mor ddidostur
nes dwyn pob mynegiant gennym,
lleibio ohonom bob sylw craff a hiwmor du,
pob dim,
ond ein hangen i ddygnu 'mlaen drwy'r rhyferthwy,
y greddf sy'n ein gyrru
drwy symffoni anghysain y storom,
a'n pennau wedi'u plygu'n wylaidd wag,
a'n hysgwyddau'n dabyrddau i'r glaw.

(5) Rain

"Our land's first music
was the patter of rain in the woods";

and initially
we moved eloquently
between showers,
went over the mountain,
from bush to rock,
from clause to clause;
syncopating with the rain as required ...

But the storm became so merciless
it stole all expression from us,
leaching from us each shrewd remark or dark wit,
every last thing,
but our urge to trudge on through the deluge,
the instinct that drives us
through the storm's discordant symphony,
our heads bowed meek and empty,
and our shoulders drummed by the rain.

(GL)

(6) Swyddfa

Myfi sy'n bugeilio'r ystadegau,
eu corlannu yng nghynteddau'r cyngor,
lle mae peiriant yn sgleinio'r llawr ...

ac weithiau dwi'n agor y drôr mawr
yn nesg fy isymwybod,
er mwyn ei lenwi â gwaedd
sy'n rhwygo o grombil fy mod,
nes bod hen agorydd fy nghenedligrwydd
yn diasbedain ...

ond ni ddaw'r waedd, a rhaid cau'r drôr,
mor dawel a thaclus â chlic ar gaead arch.
Ac mae'r peiriant llnau llawr
yn grwnan yn dawel ym mhen draw'r coridor ...

(6) Office

I am the shepherd of statistics,
I herd them into pens in the council halls,
where a machine polishes the floor ...

and sometimes I open the big drawer
in the desk of my subconscious,
to fill it with a howl
ripped from the depths of my being,
until the ancient chambers of my national identity
reverberate ...

but the howl won't come, and I have to close the drawer,
as quietly and neatly as a coffin lid's click.
And the floor polisher
hums quietly at the end of the corridor ...

(GL)

(7) Hydref eto

Ar ael y bryn,
lle mae'r llwyni lletraws
a'r gwrychoedd gwargam
yn edliw'r gwynt i'r gwyll,

yno mae'r hydref
yn tynnu wynebau watsus y coed ...

y dail fel cocos
yn chwyrlïo yn y gwynt,
fel llythrennau'n hedfan,
a'r wyddor yn datod.

(7) Autumn again

On the brow of the hill,
where the sloping groves
and crouching hedgerows
reproach the windy dusk,

this is where autumn
removes the trees' watch-faces ...

the leaves are like cogwheels
twirling in the wind,
like letters flying,
as the alphabet disintegrates.

(GL)

(8) Boddi cynhaea'

Bûm unwaith yn Nhryweryn,
pan oedd llwybrau'r haf yn dringo'n ôl i'r lan
trwy'r misoedd sych,
a'r stympiau coed fel ebychnodau
ym mrawddegau chwâl y cloddiau.

Ond ym Medi dyma'r llwybrau'n llithro'n ôl i'r llyn
a'r iaith yn mynd fel gwartheg i'w canlyn ...
Ac wrth adfer trefn y dyfroedd oer,
tybed i mi glywed tincial hen leisiau
yn canu wrth foddi'r cynhaea'?

(8) Drowning the harvest

I once went to Tryweryn,
when the summer paths were climbing back ashore
through the dry months,
and the tree stumps were like exclamation marks
in the stone walls' scattered sentences.

But in September the paths slipped back into the lake
taking the language with them like cattle ...
And as the cold waters' regime was restored,
did I hear the pealing of ancient voices
singing as the harvest was drowned?

(GL)

(9) A beth mae'r beirdd yn feddwl?

Maen nhw'n troi fel mecryll, mewn fflach o ymryson,
yn cyd-hoywi mewn cynghanedd hardd;
a phan ddaw eu tymp,
bydd eu cyrff mewn ffurfwisg *octavo*
yn rhesi gymesur ar slab y gwerthwr.

(9) And what do the poets think?

They spin like mackerel, in a poetry-slam flash,
mutually vivacious in handsome *cynghanedd*;
and when their time comes,
their corpses will be laid out in *octavo* attire
in symmetric rows on the fishmonger's slab.

(GL)

(10) Protest

Rhwygais y geiriadur fel protest;
cracio'i feingefn fel asgwrn brau
a hau'r tudalennau i'r gwynt –
roedd y geiriau ar gerdded!
Rhai yn nofio ar wyneb y dyfroedd,
rhai ar hyd y llwybr a'r graig,
a rhai yn edliw fel bagiau plastig
ynghrog yng nghanol y drain.

Ddaeth neb heibio
i weld blerwch fy ngweithred,
na dod i gasgliadau yng ngwrychoedd yr iaith ...
Roedd y mwyar duon yn eu hanterth
a neb yn hel rheini chwaith ...

(10) Protest

I tore up the dictionary in protest;
cracked its spine like a brittle bone
and sowed the pages to the wind –
spreading the words!
Some swam on the surface of the waters,
some landed on the road and the rocks,
and some, like reproachful plastic bags,
hung amidst the thorns.

No-one came by
to see the rashness of my act,
or to draw conclusions from the hedges of our tongue ...
The blackberries were in full fruit
and no-one picked them either,
from the brambles whence they sprung ...

(GL)

(11) Son et lumière

Ac yna disgyblion a ddaethant
gyda grant a gweledigaeth i'w canlyn.
A hwy a osodasant
daflunyddion ac uchelseinyddion
gerbron hen furddun
fu'n eiddo i fardd.

Ac wele, dynion hetiau caled â locsyn clust,
a'u gwragedd meindrwyn torsyth
a ymrithiasant ar y waliau gwyngalch;
syllu o'r pair dadeni'n fud,
i gyfeiliant telyn chwaethus;

a gwnaed ddoe yn sioe,
gwerthu'r gorffennol
fel cysgod ar fythynnod tlawd;
mae'r amgueddfa yn ymledu ...
a minnau'n awchu cael hyd i'r switsh.

(11) Son et lumière

And then there came disciples
armed with a grant and a vision.
And they did set up
projectors and loudspeakers
in front of an old ruin
that was once a poet's property.

And behold, men with hard hats and sideburns,
and their beak-nosed stiff-necked wives,
did materialize on the whitewashed walls;
staring mutely from the cauldron of rebirth,
accompanied by a tasteful harp;

and history was thus made into a show,
the past was sold
as a shadow on poor hovels;
the museum is expanding ...
and I'm itching to find the switch.

(GL)

(12) Peblig: 87.4%

Sdim gorwel yma; dim ond toeau gwâr
yn cau'n gwlwm amdanom;
cylchoedd gwm cnoi
yn fydysawd sêr dan draed;

a phwy a ŵyr na chawn ni ddinas`barhaus
yma, lle mae'r ffenestri mor ddall â'r dyfodol,

yma, lle mae waliau brics fy mebyd,
na fedr ond un iaith eu codi;

yma, lle mae'r camerâu yn syllu'n slei
o ben eu polion, o gyrion ein gwyll?

(12) Peblig: 87.4%

There's no horizon here; just civilised rooftops
closing in a knot around us;
chewing-gum circles
form a universe of stars underfoot;

and who's to say we won't find an enduring city
here, where the windows are as blind as the future,

here, where the brick walls of my youth,
could only be built by one language;

here, where the cameras surreptitiously survey
from their pole tops, from the edges of our darkness?

(GL)

(13) Hen gapel

"Cysgant mewn Hedd" meddai cofeb y colledigion,
ond nid oes emynau ar y jiwcbocs heno,
ddim hyd yn oed *Rhys*
nac *Ebenezer*,
wnaeth gathreinio'r milwyr o'r ffos ...

Codaf beint wrth y bar lle ces i medyddio.
Mae'n amser cwrdd;
mae merch yn hel gwydrau cymun y p'nawn;
mae'n rhoi gwên yn adnod i'r barman.

Cyfodaf fy llygaid tua'r oriel chwil
lle bu nhad yn hel casgliad,
lle cyfarfu gyntaf â llygaid fy mam
a hithau'n rhoi einioes gyda'r swllt yn ei blât.

"*O ba le y daw fy nghymorth?*"
Plethaf ddwylo am fy nghwrw.
Cau llygaid. Plygu pen.
Cyfri 'mendithion ...
ond methu â mwynhau
fy mheint cableddus.

(13) A former chapel

"They Rest in Peace", says the plaque to the fallen,
but there are no hymns on the jukebox tonight,
not even *Rhys*
or *Ebenezer*,
that exhorted those troops from the trench ...

I lift a pint at the bar where I was baptized.
It's time for the service;
a girl collects the communion glasses;
she gives the barman a sermon smile.

I will lift up mine eyes to the vertiginous gallery
where my father took the collection,
where he first met my mother's glance,
and she made a lifelong commitment
with the shilling in his plate.

"*From whence cometh my help?*"
I fold my hands around my beer.
Close my eyes. Bow my head.
Count my blessings ...
but cannot enjoy
my blasphemous pint.

(GL)

(14) Gwae ni chlyw organ na chlych

Colli llais; galw'n ofer ar Dduw,
tinnitus diwylliant arall yn merwino'r clyw;
cwyno fy myd; mynd i le'r doctor o hyd;
trio crogi 'nhelyn ar yr helyg.
"Rwyt ti'n colli dy falans", meddai'r meddyg ...

(14) Woe he who hears no organ nor bells

Losing my voice; calling God in vain,
another culture's tinnitus on my brain;
complain my lot; go to the doctor's a lot;
try to hang my harp on a willow.
"You're losing your balance", says the doc ...

(GL)

(15) Gweledigaeth

Ar darmac llyfn y llwybr beic,
roedd yr haul drwy'r ffens
fel drym rôl ar retina,
ei ddwyster yn bygwth
chwythu cannwyll llygad;
ac roedd hen wraig o blaned Labrador
yn bario'r llwybr â'i chi.

Arafais.
Gwasgais frêc ac edrych fry
ar nythod brain
yn gaglau rhwng brigau'r coed;
a thu hwnt, "aros" wnâi'r "mynyddoedd mawr";
a sylwais ar y niwl
yn araf ddringo atom,
fel cwrlid byw dros y grib
ac yna'n raflo fel mwg ...

"Dringo" i'n mygu, fel yr iaith fain?
Ynteu "datod yn ddim", fel yr iaith Gymraeg?
A chydiais yng nghyrn y beic wrth geisio sadio ...

"Mae'r tywydd yn troi", meddai fi.
"About five miles?" meddai dynes y ci.

(15) Vision

On the smooth tarmac of the cycle path,
the sunlight through the fence
was like a drum roll on the retina,
its intensity threatening
to blow out the eye's candle;
and an old woman from the planet Labrador
was blocking the path with her dog.

I slowed down.
Squeezed a brake and looked up
at crows' nests
clotted in the trees' twigs;
and beyond, the great mountains stood still;
and I noticed the mist
slowly climb towards us,
like a living bedspread over the ridge
and then unravelling like smoke ...

"Climbing" to smother us, like English?
Or "unravelling" into nothing, like Cymraeg?
I held the brakes tight as I steadied myself ...

and said in Welsh, *"The weather's turning maybe."*
"About five miles?" replied the dog lady.

(GL)

(16) Hunlle

Yr un ofnau hurt sy'n fy llethu bob nos,
rhwng bisgedi Fiet Cong a breuddwydion Formica,
englynion tequila a santesi silff ucha,
ceisiaf bob nos
gyflwyno'r iaith i 'nghymydog.

I mi, mae'n beg,
iddo fo, mae'n begwn,
yn Arctig anghyfarwydd;

ond dyw'r isdeitlau, ysywaeth,
ddim gen i bob tro;
a gas gen i sgwrs wedi'i dybio,
a'r geiriau fel dannedd rhywun arall yn fy ngheg,
a chwestiynau'r cenedlaethau nesa'
yn cochi fy nghlustiau innau ...

a dwi'n deffro'n chwys i gyd,
yn ceisio llyncu
hanner stafell i'm 'sgyfaint ...

ond wrth sadio,
ac anadlu'n gall,
wrth i'r nos gilio,

wrth godi llefrith o garreg y drws,
a chyfarch boi drws nesa,
gwn y bydd ail gyfle –
a bydd yn haws nac mewn hunlle.

(16) Nightmare

The same absurd fears oppress me every night,
between Viet Cong biscuits and Formica dreams,
tequila poems and top-shelf saints,
I endeavour every night
to give our language to the bloke next door.

To me, it's a peg,
to him, it's a pole,
an unfamiliar Arctic;

but the subtitles, unfortunately,
aren't always available;
and I hate a dubbed conversation,
with the words like someone else's teeth in my mouth,
and the questions of the next generations
burning my ears ...

and I wake up in a sweat,
trying to swallow
half a room into my lungs ...

but as I calm down,
and breathe properly,
as night recedes,

as I fetch the milk from the doorstep,
and greet the bloke next door,
I know there's another chance there –
and it'll be easier than in a nightmare.

(GL)

(17) Bathodyn Cymraeg

Cysga'r Cymry, llydan nifer,
â'u llafar yn eu llygaid,
yn chwilio'n ofer
am fathodyn caniatâd,
atalnod oren y pwyllo parhaus
rhag pechu neb;

Seibiwn, fel cenedl, ar y cyd,
yn dal ein gwynt yn rhy hir ...

a bydded i ni siarad Cymraeg fel dyn dall,
â'r iaith wen yn ffon hyder yn ein llaw!
Drwy afiaith chwyldroadol yn unig, y mae llwyddo ...

(17) Welsh speaker badge

The wide host of Wales sleep,
with their words in their eyes,
searching in vain
for a badge of permission,
the orange comma of continual discretion
lest anyone be offended;

We pause, as a nation, all together,
holding our breath for too long ...

so let's speak Welsh like a blind man,
make the white language a stick of confidence in our hand!
Revolutionary zest is the only road to success ...

(GL)

(18) Ceiliog mwyalchen

Yng nghefn y tŷ, wrth bwyso ar fy rhaw,
mae deryn du yn addo paradwys,
yn garglo heulwen yr hwyr yn ei wddf;

mi ganith, am fod rhaid iddo;
byrlymu'r nodau croyw ...

Ei delori sy'n fy ngalw at fy ngwaith,
i greu chwyldro gyda gwên;

am fod y byd yn gân i gyd,
a bwlch enbyd yn ei harmoni
heb nodau ein halaw ninnau.

(18) Blackbird

In the back yard, leaning on my spade,
a blackbird gives a promise of paradise,
gargling the evening sunshine in his throat;

he'll sing, because he has to;
bubbling those eloquent notes ...

His warbling calls me to my work,
to spark revolution with a smile;

because our world is one of song,
with a huge gap in its harmony
without the line of our own melody.

(GL)

Y tŷ hwn

"If we want Wales, we will have to make Wales"
(Gwyn Alf Williams)

Daeth gwanwyn yn hwyr i'n gwlad;
y gaea wedi cloi ein huchelgais
a gwydro ein dyheadau,
cyn y dadmer mawr,
a barodd i'r gwteri garglo
a'r landeri garlamu.

Boed felly, haul, ar y tŷ hwn heddiw;
dyma bair ein dadeni; a llwyfan i'n llais;
lle canwn ein gweledigaeth i fodolaeth ...

A down yma o sawl cwmwd, megis cynt –
wrth droedio'r llwybr dreiniog cul
sydd â gwlan fel trimins Dolig ar ei hyd;
neu wrth heidio lawr y lôn wleb
sy'n ddrych i sglein yr awyr –
down yma, i gyffwrdd â'r gorwel
a'i blygu at iws gwlad.

Ac wrth ddynesu
o'n cymoedd a'n mynyddoedd
at ein dinas barhaus,

diolchwn nad oes tyllau bwledi
ym mhileri'r tŷ hwn,
dim ond cwmwl tystion wrth ein cefn
ym mhob plwraliaeth barn.

This house

"If we want Wales, we will have to make Wales"
(Gwyn Alf Williams)

Spring came late to our country;
the winter locked down ambition
and put our aspirations on ice,
before the big thaw,
which made the drains gargle
and the downpipes gush.

And so, may the sun shine bright on this house today;
This cauldron of our rebirth; the platform for our voice,
where we sing our vision into being ...

We come here from many commotes, as before –
treading the overgrown path, barbed
with wool like Christmas trimmings;
and crowding down the wet lane
which mirrors the sky's shine –
we come here, to touch the horizon
and bend it for common good.

And as we,
from our valleys and mountains,
approach our perpetual city,

we give thanks there are no bullet holes
in the pillars of this house,
just a cloud of witnesses
who'll maintain us in all manner of beliefs.

Ac wrth gael ein tywys
i gynteddau'r tŷ,
boed angerdd i'n trafod
a phwyll ymhob cymod;

boed i anodd ddod yn syml,
a'r heriol ddod yn hwyl;
a boed i ni gofio'r wireb hon beunydd:
"cynt y cyferfydd dau ddyn
na dau fynydd."

And as we are led
to the halls of this house,
may there be passion in our debate;
prudence in conciliation;

let 'difficult' become simple,
and 'challenging' become fun;
and let us each day repeat these maxims:
that "sooner will two men meet
than two mountains."

(CP)

Gweledigaethau Euro 2016

Ryw brynhawngwaith o Fehefin
a'r haf yn euro'r disgwyl hir,
cymerais fy hynt tua Ffrainc.

Ac mi a welais ryfeddodau;
yn gyntaf, wal goch,
a honno'n cyd-symud ac yn canu.

A'r wal a droes yn rhyferthwy
a gododd o ystlysoedd y stadiwm
a golchi'n fôr gorfoleddus o goch
drwy'r strydoedd, o Lens i Toulouse.

Ac mi a glywais arwyr y bêl gron
yn hawlio'u hiaith yn ôl, fesul "diolch",
a chrys-wneuthurwyr a bragwyr
o ben draw'r byd,
yn ei harddel hefyd yn eu sgîl.

Ac wele, nôl yng Ngwalia,
roedd y ffenestri'n dreigio,
a'r trefi cochion yn taranu;
a'n hyder newydd fel enfys wedi'r glaw.

A dyma fy mhobl, y *vampire nation*
(a arferai syllu i'r drych a gweld dim)
yn camu o'r cysgodion
ac yn canfod eu hunain,
megis am y tro cyntaf.

Euro-visions 2016

One June afternoon,
as summer gilded years of anticipation,
I wended my way towards France.

And there I beheld marvels;
the first, a red wall
that moved in unison and sang;

And the wall became a torrent
that sprang from the stadium's loins,
and washed through the streets,
jubilant and red, from Lens to Toulouse.

And I heard my footballing heroes,
reclaiming their Welsh, "diolch" by "diolch";
and shirt manufacturers
and international brewers followed suit.

And lo! Back in Wallia,
windows flashed with dragons
and the red towns thundered;
our new confidence was a rainbow after cloud.

And behold, my people, the vampire nation,
(who were wont to look in their mirrors
and see nothing back)
– they stepped now out of shadow
and saw themselves,
as if for the first time.

Boed felly i'r rhyfeddodau hyn barhau
a chawn agor llwybrau newydd
wrth i'r hen rai fygwth cau –
a dyna fasa'n euro'r cyfan ...

And long may these marvels continue;
and if old paths should shut down,
we'll walk our legacy of new links –
now, that would be our true Euro crown ...

Caerdydd 3.6.17

(Noson rownd derfynol Cynghrair y Pencampwyr)

> *Sarete sempre*
> *i nostri fratelli e sorelle europei*

Siaradwn â'n gilydd
mewn lliwiau gwahanol,
a rhwng banllefau'r soseri,
cymeradwyaeth cwpanau
a hisian stêm llond stadiwm,
mae ein dinas
fel caffi cyfandir cyfan!
A'n lleisiau fel tyllau haul
mewn coedwig tywyll ...

> *Siempre seréis*
> *nuestros hermanos y hermanas europeos*

Mae'n croeso ni yma, yn aros 'run fath ...

Cardiff 3.6.17

(The night of the Champions League final)

> *Sarete sempre*
> *i nostri fratelli e sorelle europei*

We talk to each other
in different colours,
and what with the applause of saucers,
the acclamation of cups,
and the steam hiss of a full stadium,
our city
is café to a whole continent!
And our voices are like sun-lit holes
in the dark of the forest ...

> *Siempre seréis*
> *nuestros hermanos y hermanas europeos*

Here, our *croeso* remains constant ...

Cadw oed
10.7.2016

(er cof am Gapten Dafydd Jones, a'r cannoedd o Gymry eraill
a laddwyd yng Nghoed Mametz)

Voici le bois de Mametz .

Ffolineb oedd ceisio'r coed heddiw,
ond cerddasom drwy fwledi'r glaw,
noethi'n pennau dan y derw llafar, a'u dail yn janglo
cyn troi ein hwynebau tua'r golau gwlyb.

Ceux-ci sont des arbres galloisants,
des chênes, des noisettes, des hêtres ...

Coed Cymraeg eu hiaith yw'r rhain,
y derw, y cyll a'r ffawydd;
glaslanciau praff, yn syth fel bidogau,
a'u brigau deiliog yn rhidyllu'r glaw.

Yn eu gaeaf, mae llawr y goedwig
yn bantiau *shells* i gyd
– ond heddiw maen nhw wedi'u weirio
gan fieri'r haf
a chylchoedd rheini'n cuddio'r creithiau,
yn llyfnu'r gorffennol brwnt,
lle bôn-dorrwyd dynion hefo'r coed
mewn storom ddur ...

Écoute! Ici, on peut, à peu près,
entendre les racines en s'enfonçant par terre
où se couchent les Gallois ...

Keeping faith with our past
10.7.2016

*(in memory of Capt. Dafydd Jones, and the hundreds of Welshmen
who died in Mametz Wood and who lie there still)*

Voici le bois de Mametz .

It was foolish to try for the woods today,
but we walked through bullets of rain
bareheaded beneath the talking oaks,
whose leaves jangled,
as we turned our faces towards the wet light

*Ceux-ci sont des arbres galloisants,
des chênes, des noisettes, des hêtres ...*

These are Welsh speaking trees,
the oak, the hazel, the beech;
thickset teenagers, bold as bayonets
their leafy branches sieving the rain.

In winter, this forest floor
is still pocked by shells
– but today they're wired by summer brambles,
whose spirals hide the scars,
and smooth away the cruel past
where trunks of men were broken like the trees
in a storm of steel ...

*Écoute! Ici, on peut, à peu près,
entendre les racines en s'enfonçant par terre
où se couchent les Gallois ...*

O dan y ddaear hon, mae gwreiddiau Mametz
yn cwpanu pob helmed fel plisgyn ŵy,
yn gwasgu drwy'r 'sgidiau a laciwyd o draed y milwyr,
yn cosi asennau, dan anwes y pridd.

Mae gwaed yr hogiau'n dal i borthi'r coed ...

  C'est ici le mémorial gallois, n'est-ce pas?

Ac heddiw, wrth gerdded yn ysgafn
dros esgyrn ein cyn-dadau, ail-droediwn yr atgofion,
rhag i'r derw a'r ffawydd golli'u llais.

Ganrif ar ôl i'r Cymry hawlio'r coed,
mae eu hwyrion a'u hwyresau yn dal i gadw oed ...

Under this earth, the roots of Mametz
cradle each helmet like an egg shell,
weave through shoes eased from soldiers' feet,
scratching their ribs beneath the soil's quiet caress.

Their blood still feeds these trees . . .

C'est ici le mémorial gallois, n'est-ce pas?

And today, as we tread softly
on our fore-fathers' bones,
we walk their memories once more,
lest the oak and the beech lose their voice.

A century gone, since the Welshmen claimed this wood,
and their grandchildren still return,
because they feel they should.

(CP)

Mwyara
Medi 1914

Medi 1914;
cnwd toreithiog o fwyar
a daeth teulu de Vynck i aros yn 'tŷ ni.

Roedd Tada wedi darllen yn uchel
am dymor y cwymp yn eu gwlad,
y cyrff yn lluwchio
fel dail ffawydd yn y strydoedd,
a'r miloedd yn ffoi ...

Ac felly'r aethom i'w cyrchu o'r orsaf,
y triawd stond ar blatfform
a'u llygaid yn troelli fel mwg;
roedd eu byd i gyd llond eu hafflau ...
a mab 'run oed a minnau, yn llaw ei fam.

A thrannoeth yn anghyfiaith,
ces f'anfon i fwyara, hefo fo.
Cyd-gasglu'n fud.
Bys bigo a braichgripio
ar drywydd mwyar: *braambes*
nes inni droi'n fwyarddall;
y sfferau sgleiniog yn llenwi'n llygaid
a'r rhai tewion yn ein gwatwar
o grombil clawdd a gorfrig gwrych:
te hoog!;
rhy uchel!
Chwarddasom yn ddiniwed
a'n cegau'n biws i gyd.

Blackberrying
September 1914

September 1914;
a profusion of blackberries:
and that was when the de Vyncks came to stay.

Father had read out loud
about the autumn fall in their land,
how corpses collected
like drifts of beech leaves on the streets,
and thousands fled.

And so we fetched them
from the station platform, a trio petrified,
their eyes swivelling like smoke;
their whole world in a few armfuls,
and their same aged son,
holding his mother's hand.

Next day, without a word in common,
I was sent blackberrying with him.
We picked together, mute.
Fingerpricked and armscratched,
seeking out blackberries: *braambes*,
until we were blackberry blind;
their shiny spheres filled our eyes,
the fat ones mocked us
from the depths of the hedge
and its topmost crests:
te hoog!;
too high!
And we laughed in our innocence
with purpled mouths.

Dim ond wedyn ...
dros bedwar gaeaf gerwin
a'r mieri noeth fel weiran bigog
yn edliw inni'r rheswm am ein cyd-fyw,

dim ond wedyn y byddwn innau
yn cofio am ein tro cynta,
yn *bramen plukken*; yn mwyara.
Canys dyna pryd troes cydymdeimlad
yn weithred yn 'tŷ ni
ac yn flaenffrwyth rhwystredigaeth
i ferch ifanc oedd yn methu'n lân
â rhoi ein hiaith ni yn dy geg.

Felly rhois i fwyar duon
yn gusanau surfelys ar dy dafod syn;
a hynny bedair blynedd a hanner union,
cyn i ti a'th deulu orfod gadael fan hyn
er mwyn codi'ch henwlad friw
yn ei hôl ...

it was only long afterwards
... over four harsh winters
when the naked brambles reminded us
like barbed wire, just why we shared a roof,

it was only then that I'd recall that first time
bramen plukken: blackberry-picking:
when compassion begat action in our house
– and the first fruits of frustration for a young girl
who could not put her language in your mouth.

So I put blackberries like sharp sweet kisses
on your surprised tongue,
four and a half years exactly,
before you and your family left, unsung,
to rebuild a shattered country ...

Gwaddol

(i Gillian Clarke, 31.5.16)

Bocs tŵls a ddaeth
yn ddienw at fy nrws
Ac ynddo cefais gylleth naddu cerddi,
hefo rhybudd rhag slap wen yr Awen;
morthwyl a hoelion dychymyg,
er mwyn pedoli 'mhrofiadau;
a lli traws ar gyfer cyfieithu,
hefo lle i ddeuddyn gyd-dynnu.

Canys Taliesin o focs tŵls oedd hwn,
a'r arfau trwm fel drwy bach o ysgafn i'm llaw,
yn sgwarnog at bob rheidrwydd,
o'r syniadau beichiog fel hadau beics,
i'r rhathell smwddio llinellau,
neu'r sbaneri o gwpledi
sy'n llacio pob deall.

Ar lafn neu garn pob un o'r tŵls
ysgythrwyd llythrennau G.C.
A chanaf yn awr i'w perchennog,
am eu rhannu mor hael â mi ...

Bequest

(for Gillian Clarke, 31.5.16)

A tool box arrived
unbidden at my door.
And there I found
a trimming knife for poems
(with a warning
against the whelts of the muse);
imagination's hammer and nails
to shoe my fleeting hours;
and a cross saw for translation
that two can pull in tandem.

This was a Taliesin of tool boxes,
each heavy tool
weighed wren-light in my hand,
and turned hare-swift to my needs,
from the ball-bearing ideas
fully formed like seeds,
to the file for smoothing lines
and the spanner couplets
that loosen all understanding.

And on each tool's blade or handle
I saw the letters 'G.C.'
and I sing now to their owner,
for sharing them so generously ...

Taliesin

(i Gillian Clarke yn 80 oed)

Bûm dderwen yn rholio'i sgwyddau'n y gwynt
a chymylau'r machlud yn chwythu i'w hynt;
bûm lwynog celain mewn gwisg o glêr,
a rheg o ddiolch gan ffarmwr blêr.

Bûm löyn byw ar dalcen tŷ
a'i dlysni'n rhydu dan hoelion cry';
bûm binsiad o ansoddeiriau syn
a chusan rasal ar goesau gwyn.

Bûm haul amheuthun ar wegil sant
cyn crasu'n lledr agweddau ei blant;
bûm sêr mewn cawl ar noson hwyr –
"pwy saif i'n herbyn?" Pwy a ŵyr?

Bûm sbectol ddydd Mercher, a hithau'n ddydd Llun,
bûm gof a dychymyg, i gyd yn un;
bûm lestr yn mynd o law i law ...
bûm ddolen mewn cadwyn ddi-bendraw ...

Taliesin

(for Gillian Clarke on her 80th birthday)

I have been the oak, shoulders wind-provoked
and clouds at sunset blowing their own-going;
I have been the fox corpse in a cloak of flies,
an expletive of relief in the farmer's eyes.

I have been the butterfly tacked to the house-end,
its beauty rusting under nail heads;
I have been a pinch of unexpected description
and a razor's kiss upon white skin.

I have been rare sun on the devotee's nape
before ranting to the young for his own sake;
I have been the treat of fat floating on *cawl* –
Who stands against us? Who knows our soul?

I have been glasses worn when blind,
I have been memory and imagination, intertwined;
I have been a bowl passed from hand to hand ...
I have been a link in a chain without end ...

(CP)

Cymraeg Ambarel

(1.3.17)

Mae'n bwrw mor aml
mewn byd drycinog,
ond mae dy ffyn bob tro'n cloi'n
gromen berffaith, uwch fy mhen;
a chaf hedfan yn unfraich dan dy adain,
drwy ddychymyg yr hil.

I rai, rwyt ti'n cau'n deg ag agor,
ond o'th rolio'n dynn,
mi roddi sbonc
i'n cerddediad fel Cymry;
ac mi'th godwn yn lluman main
i dywys ymwelwyr at ein hanes,
a thua'r byd amgen sydd yno i bawb ...

Tydi yw'r ambarel
sydd o hyd yn ein cyfannu,
boed yn 'gored, neu ynghau
– ond rhaid i ni dy rannu ...

Umbrella Welsh

(1.3.17)

It rains so often
in our stormy world,
but your spokes always lock
in a hemisphere above my head;
and I can fly through national fancy,
hanging one-armed beneath your wing.

For some, you simply can't be opened,
but rolling you tight
lends a Welsh spring
to our step;
and we lift you, like a narrow banner,
to guide visitors to our history,
to an alternate reality, that's open to all ...

You are the brolly,
that melds our world,
as long as you're jointly held,
whether open or furled ...

Taeru dŵr yn rhew

(Comisiynwyd gan ymgyrch Stop Climate Chaos Cymru)

Ai doeth i ni ymddiried mwy
mewn rhai sydd, erbyn hyn,
yn taeru dŵr yn ôl yn rhew,
yn taeru du yn wyn?

Yn taeru'r mŵg yn ôl i'r glo,
fel stori blant gyffrous?
Cyn mynnu mai "newyddion ffug"
yw unrhyw leisiau croes ...

Totalitariaeth gwybodaeth
sy'n sawru o'r 30au:
– onid yw cau y we i lawr
'run peth â llosgi llyfrau?

Ac felly'r cefnog, cofied hyn
wrth drin ein byd fel pêl:
– yr unig elw sydd o werth
yw'r un i'r oes a ddêl ...

A threch gwlad nac Arlywydd
os safwn dros y gwir,
ac uno, er mwyn plant ein plant:
– mae'r ffordd ymlaen yn glir,

rhaid herio holl "newyddion ffug"
San Steffan a'r Tŷ Gwyn;
ni chân nhw daeru dŵr yn rhew,
na thaeru du yn wyn ...

Swearing water back to ice

(Commissioned by Stop Climate Chaos Cymru)

And should we put our trust in those,
who'll swear with all their might
that "water" really, still is "ice",
that "black" is really "white"?

Who'll swear the smoke back into coal,
like in a fairy tale?
And anyone who contradicts?
That's "fake news", without fail!

It's totalitarian wisdom,
like the thirties, with new looks;
'cos surely, shutting down the web,
is just like burning books?

The lesson for the rich is this:
our world is not a game;
to hand it unbankrupted
to our children is the aim.

And we are not the President's men,
our truth should hold no fear,
let's stand firm for our unborn kids,
the way ahead is clear:

whate'er the source of their fake news,
the White House or Whitehall,
we must deny that water's ice,
that black's not white at all ...

Llythyr Mamgu

(Dynes yn ei hwyth degau cynnar yn ceisio cyfansoddi llythyr)

"My dearest grand-daughter ..."

Na ... "Annwyl wyres ..."

Ti weti gofyn ifi drial ysgrifennu beth wi'n i gofio – ar gyfar ryw broject sda ti 'sha'r ysgol, felly ma gofyn i Mamgu neud a'n Gwmrêg siŵr o fod ... ond cariad bêch, smo i'n gwpod beth alla'i weud tho ti ...

Silence is a hard habit to break ys gwetan nhw a reit o'r dwarnod cintaf un, rodd 'yn yn rwpath nag on ni'n wilia ymbythdi ... *non-subject* fel man nhw'n gweud nawr

Ma'n beth dicon rhyfadd pan ti'n meddwl amdani 'ddi. Jiawl, tra bod y byd a'i bartnar yn ein trafod **ni**, a'u *heditorials*, a'u *news items* ac yn y blên, tra bod y beirdd yn sgrifennu'u cerddi amdenon ni, a'r holl eiria 'na'n golchi droson ni ... ôn **ni**'n gweud **dim** ...

Y peth yw, pwy opath odd i ffindo geiria alla **weud** beth on ni 'di **weld**? Pitwch â sôn. On ni'n ... *numb* ... fel 'san ni miwn gwactar – ac rodd y geiria'n llifo miwn yn ddi-ddiwadd o'r tu fês, yn trial llanw'r gwactar 'na ... Rodd a fel ... *tipslide* o gydymdimlad ... dodd dim drwg yndyn nhw, wrth gwrs 'ny, ond on ni jest yn trial catw fynd ...

Felly ... beth alla'i weud tho ti 'bêch? Ys gwetws y dyn, *silence is a hard habit to break* ...

Rodd hi'n niwl mawr y dwarnod 'ny ... ac rodd hi'n ôr ... ac rodd dy dad a dy anti fêch weti gwishgo'u dillad ysgol wrth y tên. Rhoddas i bobo swllt arian cino iddyn nhw (– neu 'five pee' fel byddach chi'n weud) – a dodd dy anti fêch ddim moyn mynd, ond na fe, *I wasn't having it*;

Mamgu's letter

(A grandmother is trying to compose a letter)

"My dearest grand-daughter ..."

Na ... "*Annwyl wyres ...*"

You've asked me to write what I remember for your school project, so I suppose you want Mamgu to do it in Welsh, *ond cariad bach, smo i'n gwpod beth i weud tho ti ...*

Silence is a hard habit to break ... right from day one, this wasn't something we talked about ... it was a non-subject.

It's strange when you think about it. Whilst the world and his wife were talking about us in their editorials and news items and so on, and there were poets writing about us and all those words washing over us ... we just said nothing.

The thing is, how could you find words to express what we'd seen? We were numb, in a void – and the words rushed in from outside to fill that void ... it was like ... a tipslide of sympathy ... they meant well, of course they did, but we were just trying to keep going ...

Felly ... beth alla'i weud tho ti 'bach? Like I say, silence is a hard habit to break ...

It was foggy that day ... *niwlog ac ôr* ... and your dad and your aunty dressed for school by the fire. I gave them both a shilling for their dinner money (– that's like five p now) – and your aunty didn't want to go, but I wasn't having it.

'Dim ond 'eddi 'to – a fydd dim ysgol am wsnoth wetyn.'

Your aunty was the same age as you now ...

Rôdd y swllt yn ei llaw 'i o 'yd, pan dynnw'd 'i mâs o'r llacs ...

"Dim ond 'eddi 'to", mynta fi, "– a fydd dim ysgol am wsnoth wetyn"

Rodd dy anti fêch run oetran a titha nawr ...

Rôdd y swllt yn ei llaw i o 'yd, pan dynnw'd 'i mês o'r llacs ...

Rodd hi'n lico canu ... a wara cwato ...

Bydda'i'n meddwl yn aml shwt fydde hi weti troi mês ... shwt fydde'r holl blant 'na weti troi mês ...

Rodd yn anodd i dy dad di weti 'ny. Rodd a'n pallu wara yn y stryd rhag bod rhieni erill yn i weld a ac yn ypseto'u hunen. Pan etho fa i'r ysgol newydd wrth y rheilffordd, rhetws a gytra'r dwarnod cynta pan glywws a fwstwr y trena glo ar y lein – odd a'n meddwl fod y tip yn dod lawr 'to.

Ceson ni 'gyd yn profi mewn ffyrdd gwa'nol. Am fishodd wet'ny, bydda Dadcu yn doti'i fys yn y ngheg i, pan on i'n cysgu – fel sa fa'n glan'au'r llaca ohono fa. 'Na beth odd a weti bod yn neud lawr yn yr ysgol gyta'r plant, pan on nhw'n dod â nhw mês.

'Odd a ddim yn gwpod fod a'n neud a – odd a'n cysgu. Mewn breuddwyd ...

Mewn ffordd, on ni gyd fel sen ni'n byw mewn breuddwyd. Bydda Dadcu'n mynd lawr i'r Mac yn ymlach nag y bydde fa gynt.

"I've only 'ad four," bydde fa'n gweud, "... 'elps me see clearer ..." Ond moyn gweld y niwl odd a, windo'r cyfan nôl i'r bora niwlog 'na, a gwneud i'r cyfan ... ddad- ddicwydd. Os shwt gair i gêl? Byddi di'n gwpod yn well na Mamgu, wi'n siŵr ...

Felly ... faint dylat ti gêl gwpod? Mae'n ran o dy anas di ... ran o anas yn teulu ni. Ond alla'i byth â rannu'r euocrwdd sy gyta fi am bo fi weti fforso'r ferch a gollas i i fynd i'r ysgol y

She loved singing ... and hide an' seek ...

I often wonder what she might have become ... what all those children might have become ...

It was difficult for your dad after that. He stopped playing in the street, so that other parents 'wouldn't see him and get upset.' When he went to his new school, hard by the railway line, he ran home the first day when he heard the coal trains thundering by, on the tracks – it sounded like when the tip came down.

We were all tested in different ways.

For months afterwards, your Bampy used to put his finger in my mouth when I was sleeping – as if he was sweeping my mouth clean of muck. It's what he'd been doing that day down at the school with the children, when they were fetching them out. He didn't know he was doing it – he was still in his dream.

In one sense, it was all a dream. He would go to the Mac more often. "I've only 'ad four," he'd say, "... 'elps me see clearer ..." But it was the fog that he really wanted ... to wind back to that foggy morning, and make it all ... un-happen. Is that a word? *Byddi di'n gwpod yn well na Mamgu, wi'n siŵr ...*

So ... how much of this should you know? *Mae'n rhan o dy 'anas di ... rhan o 'anas ein teulu ni.* But I can't share my guilt with you, for making the child I lost, go to school that morning. I wish I'd never shared that with your Bampy even ... and that I felt guilty for having a child that lived. But I wouldn't have you otherwise!

None of this makes sense ...

Let me show you some pictures from afterwards ...

A chap came over from America with his camera after the disaster, and he was with us for a couple of months.

bora 'ny. A se'n dda 'da fi sen ni byth 'di rannu wnna 'da dy Dadcu di 'ed ... a'r ffaith bo fi'n timlo'n euog am bo gyta fi blentyn odd weti byw. Ond fyddat **ti** ddim gyta fi wet'ny!

Smo hyn yn gneud llawar o sens ...

Gad i fi ddangos llunia i ti o'r amser weti 'ny ...

Dêth bachan o America gyta'i gamera ar ôl y drychinab a buws gyta ni am gwpwl o fishodd wetyn. Rapoport odd i enw a. Shgwla di ar i lunia fa.

Co'r babi cynta gas i eni wetyn ... a'r briotas gynta ... y bobl gynta'n gwenu. (a faint racor o reini sy weti bod ar ôl 'ny, diolch i'r nefodd?)

Mae'r llunia 'na'n dangos fel on ni'n cario mlên ... am fod raid i ni ... ond ma 'na rai pethach nag yw'r llunia na'n dangos ...

Fel ... can'wylla yn dy bocedi.

Rodd dy anti fêch ofan y t'wllwch, twel ... a byddan i'n cynny cannw'll iddi yn y fynwant. Odd llawar yn gneud. Rodd y lle fel ail gytra i ni, am amsar mawr weti 'ny ... byddan inna'n mynd â c'nwlla sbêr gyta fi ym mocad y nghot – rhag ofan fod cannw'll plentyn arall weti llosgi'n ddim.

Pethach fel 'yn bydda'i'n gorffo cario gyta fi tra bydda'i – ond ôs 'awl 'da titha arnyn nhw 'ed? Am fod y peth mor ofnatw, a ddylat titha dimlo (fel sawl un o dy flên di) fod dyletsw'dd arnot ti i **weud** rwpath, i **gydymdimlo**, i drial **uniaethu**?

Achos alli di ddim, cariad bêch – ond smo'i isie iti anghofio chwaith. Alla'i ddim ond roi blota i dy anti fêch ... ond fe dria'i rannu ... beth alla'i ... 'da titha ...

Rapoport his name was. *Shgwla di ar 'i lunia fa.*

There's the first baby born afterwards ... the first wedding ... the first smiles. (How many hundreds have been since then, thank God?)

Those pictures show us carrying on ... because we had to ... but there are things that those photos can't show ...

Like ... candles in pockets. Your aunty was afraid of the dark ... I would light a candle for her in the cemetery. Lots did. It was like a second home to us for a long time afterwards ... I would take extra candles in my coat pockets, in case someone else's had burnt down to nothing ...

These are things I will carry with me till I die. But do you have a right to them?

Because it was so terrible, should you feel (like so many before you) that it's your duty to comment, to sympathise, to identify?

Elli di ddim, cariad bêch – ond smo'i isia iti anghofio chwaith. I can only give your aunty flowers ... *ond rhanna 'i beth alla'i 'da ti ...* I'll give you the memories that I can ...

Loc Llangynidr

Clyw!
Mae'r tafod haearn hir
 yn rhuglo yn ngwddw'r giât;
daw rhuthr dŵr yn wobr,
ac yna mae'i efaill yn weindio'i ateb draw;
dau gawr yn gwagswmera
ar golion hen,
cyn ymwahanu'n ufudd
o flaen trwyn cwch.

Y dŵr hwn
yw ffin fy ngorffennol
– dros un o'r pontydd hyn,
ryw ganrif borthmon a hanner yn ôl,
fe groesodd John Evans o gyfnod gynt,
gan hebrwng y merlod
i lawr o'r mynydd,
ac ymlaen i ffair Barnet bell;
y cyntaf o'n teulu
i hawlio'r ddinas â'n heniaith ...

Ond fe ddaeth yn ei ôl,
fel minnau heddiw,
ail-groesi'r Iorddonen ddiwydiannol hon,
oedi hwyrach, i lygadu rhyw gob cyhyrog
oedd yn disgwyl i'w gwch â'i lond o galch
ddyrchafu gyda'r dŵr,
cyn i'r giatiau agor
– ac mae ein hanes yn llifo
unwaith yn rhagor ...

Llangynidr lock

Listen!
A long metal tongue
rattles in the lock-gate's throat,
is rewarded by a gush, then a rush,
and his twin then winds his reply;
two giants lazily loll
on ancient hinges,
and then obediently part
before a narrow boat's nose.

This water
marks the border of my past
– over one of these bridges,
a droving century and more ago,
John Evans crossed from another time,
led his ponies, down from the mountain,
and onwards to distant Barnet fair;
the first from our family
who took Welsh to the city ...

But he returned,
as I do today,
re-crossed this industrial Jordan,
pausing perhaps, to eye a muscular cob
waiting for its boat, with its load of lime
to be exalted by water,
before the gates swing open again
– and our history flows once more ...

Medi 1917

(ar achlysur ail-agor yr Ysgwrn, 6.9.2017)

Am na ddeuai nôl
o'r llaid i'r Beudy Llwyd,
ni safai a'i bicwarch yn ei law,
gan hel y gwair yn gawod haul
i mewn drwy'r drws ucha.

Ni safai rhwng y pileri chwaith
ynghanol llwch a gwres,
gan weithio awdl drom o das,
na chribo'i hochrau'n dwt at y gaea.

A gydol y dyddiau byrion hynny,
ni fyddai'n mynd at fanc yr haf
er mwyn porthi'r gwartheg ar jaen;
ni welai'r tarth yn codi o'u cyrff,
na'u hanadl yn blodeuo'n y gwyll.

Ac am na ddeuai ef yn ôl,
ni cherddai byth i fyny i'r tŷ,
lle roedd cadair wag
yn ei hir-ddisgwyl;
er iddo fydylu'i gerddi ar hyd y caeau hyn.

Harvest 1917

(for the reopening ceremony of Yr Ysgwrn, 6.9.2017)

Because he would never come back
from the mud to this grey byre,
he would not stand, fork in hand,
pitching the hay through the upper door
like a shower of sun.

He would not stand between these posts
amidst the heat and dust,
fashioning the rick like a weighty ode,
raking its sides, ready for winter.

And throughout those shortened days,
he would not dip into the summer he'd banked,
to feed the cows chained here,
nor see the warm mist rise from their flanks,
their breath like flowers in the dark.

And because he would not come back,
he would never walk up to the house
where an empty chair long awaited him,
although he'd stooked his poems
across these fields.

Ac oni rhyfeddai heddiw,
o weld cynifer yn dod heb bladur
at eu cynhaeaf nhw?
Yn hel o gymdogaeth ehangach,
rhwng gwydr y waliau hyn a'r byrddau te,
i yfed o'r un olygfa,
ac i ymdeimlo â'i absenoldeb
sy'n llafar ar hyd y lle?

And wouldn't he marvel this day,
to see so many coming without scythes
to their harvest,
gathering from a wider world
between the cafe tables and walls of glass,
to drink the same view
and sense his absence
in each and every blade of grass?

Blwyddyn y môr

Awn lawr at le mae'r tir a'r môr yn cwrdd,
i'n llygaid gael llowcio siampên y tonnau;
lle mae lleisiau'r plant yn rhuban hyd y traeth
a'r tywod twym yn tasgu rhwng bodiau traed.
Down yma i fagu awch am blateidiau
o haelioni hallt yr eigion;
a toc mi gawn ni'n gwala
o fecryll a chregyn gleision.

Awn lawr at le mae'r tir a'r môr yn cwrdd,
lle bydd cychod bach yn gwagswmera'n y bae;
a phan ddaw'r awel i godi'u clustiau,
disgynnwn dros dro at annwn y creigiau
lle mae'r gwymon llipa
fu gynt yn llafar dan y don,
a'r llygaid meheryn
sy'n ddall tan y llanw nesa' ...

Awn lawr at le mae'r tir a'r môr yn cwrdd –
y drothwy hudol rhwng dau fyd;
ac wrth i'r criw hŷn hel ar y traeth,
i dalu teyrnged i'r hwyrnos berffaith,
bydd ein plant yn gweu'u ffordd rhwng ein coesau,
mor sicr â'r nant yn mynd tua'r môr;
bydd yr haul yn llosgi'i lwybr ar draws y lli,
ac yn dân yn ein gwydrau
wrth inni eu codi
i gyfarch godidowgrwydd yr ha'.

The year of the sea

Let's go down to a place where the land meets the sea,
where our eyes can gulp the waves' champagne;
where children shriek in a ribbon down the strand
and the warm sand spatters between their toes.
We come here to whet our desire
for the cornucopia of the salty swell
and soon we'll heap our plates higher
and eat our fill of mussels and mackerel.

Let's go down to a place where the land meets the sea,
where small boats bob lazily in the bay;
and when a breeze pricks up their ears,
we'll go down awhile to an otherworld of rocks,
where bladderwrack lies limp,
expressive no longer, without the waves,
and the limpets are blind
till the next tide comes ...

Let's go down to a place where the land meets the sea –
a magical gateway between two worlds;
and as the grown-ups assemble on the sand,
to pay their tribute to a perfect sunset,
our children weave between our legs,
as surely as a stream wends its way to the sea.
The sun fires up our glasses,
as it burns its path across the waves,
and we raise a toast
to the glory of our summer.

Nodiadau : Notes

29/1986-91:poems from Oll Garthion Pen Cymro Ynghyd (*All the crap from a Welshman's Head*)
The title alludes to a 16th century collection of proverbs, *Oll Synnwyr Pen Cymro Ynghyd* (*All the sense from a Welshman's head*) one of the first books printed in Welsh.

30/Neijal – Nigel/31
The choice of name is in homage to Attila the Stockbroker's poem, 'Nigel wants to go to C&As'. It satirises those who are over-zealous in their desire to correct slovenly Welsh. Some less confident Welsh-speakers have turned their backs on the language, when made to feel that their Welsh 'isn't good enough'.
Cydymaith / Who's Who: Cydymaith i Lenyddiaeth Cymru (1986) was edited by Meic Stephens and is a combined Who's Who and general encyclopaedia of Welsh literature.
dod-o: O ble wyt ti'n dod? (From where do you come?) would be the more acceptable word order in a Welsh sentence rather than *Ble wyt ti'n dod o?* (Where do you come from?)
treiglo / mutating: One of the characteristics of the Welsh language is the mutation of initial consonants. For instance *cadair* is 'a chair', but 'the chair' is *y gadair*.

32/Ciwcymbars Wolverhampton – Wolverhampton Cucumbers/33
Still something of a crowd-pleaser, thirty years after its first performance, this poem pokes fun at those who claim that they are 'Welsher than you', because of the language they speak, or because of where they were born.
Cwm Elan – The Elan and Claerwen valleys were flooded to provide drinking water for the Birmingham area. Over 100 people lost their homes as a result.

38/Vindaloo – Vindaloo/39
An *englyn*, a four line verse form which dates back to the 13th century. It has thirty syllables, divided 10, 6, 7, 7 and each line must be in *cynghanedd*, a strict system of alliteration and internal rhyme. The *englyn* is a flexible form; it can be used to eulogise the living and the dead - but it can also be used for more scurrilous subjects - as is the case here!

40/I Wallt John – To John's hair/41
Mediaeval Welsh poets excelled at praising the beauty of the women they loved. In the 15th century, Dafydd Nanmor wrote a famous poem

celebrating the flowing hair of his loved one – *I Wallt Llio* (*to Llio's hair*)
In the late nineteen-eighties, I thought it time to celebrate a male head of
hair; one which had suffered the ravages of hair loss.

44/**Rhyw ddydd – Some Day**/45
Hiraeth can be translated as 'a longing', for something absent, or for
something that has gone. Usually it pertains to the present or the past, but
this poem suggests that you can have *hiraeth* for something that probably
won't happen – in this case, laddish antics with my eldest son. My
prophecy proved correct!

48/**Gwahanu – The Split**/49
A *cywydd*, a verse form which dates back to the 14th century. Each line has
seven syllables, arranged in rhyming couplets, and each line must be in
cynghanedd, a strict system of alliteration and internal rhyme.

This is the first of many poems in this collection that were written for
Talwrn y Beirdd (The Bardic Cockpit), a knock-out poetry competition
that has been running on BBC Radio Cymru since 1979. It's an invaluable
stimulus to Welsh poets, and the final, each August, is one of the highlights
of the poetic calendar!

50/**Cegin Gareth Ioan – Gareth Ioan's kitchen**/51
The publication of the Welsh language figures from the 1981 census, are
the background to this poem. They were not encouraging, though the
decline has since been arrested to an extent.
cegin Gareth Ioan / Gareth Ioan's kitchen: In December 1984, I played a gig
in Crymych, with the band, *Treiglad Pherffaith*. It was organised by Gareth
Ioan who put us up for the night after a heavy session at the pub afterwards.
noson Llywelyn / last prince's last night: On the 11th of December 1282,
Llywelyn ap Gruffydd, the last native ruler of Wales, was killed, fighting
the English.
Alf: Alf Langdon from Ystalyfera was our drummer that night.
albwm gynta'r Maffia / Maffia's first LP: Maffia Mr Huws were one of the
most popular bands of the 1980s and their first album *Yr Ochr Arall* was
an eagerly awaited release.

54/**Iaith Cyllall ffrwythau – Why do we speak with fruit-knived tongues?**/55
One of those 'less successful' gigs, despite being in the august company of
Attila the Stockbroker. Putting on a free poetry gig in a busy Caernarfon

pub, with many of the Saturday night locals looking on perplexed, was a bold move – and proved to be an education.

Sais: An Englishman

Simon Brooks in Barn: *Barn* (Opinion) is a Welsh language monthly magazine. Its editor at the time was the well known academic, Simon Brooks.

56/Fy mrawd – My brother/57

Bara brith: (lit. speckled bread) gets its name from the currants it contains. A Welsh tea-time classic.

60/Map yr Underground – The Underground map/61

Although I lived in London till I was 19, it was only at the age of 38 that I could no longer claim that I'd lived in London for most of my life. Which is significant for a London Welshman and that was what prompted this poem. Harry Beck's classic representation of the London Underground network has prompted many re-imaginings in various languages, and this poem follows proudly in the same tradition, overlaying London with Welsh mythology.

Mabinogi: the earliest prose stories in Welsh. The earliest manuscripts date back to the 14th c. but are based on earlier material.

Pair Dadeni / Cauldron of Rebirth: A magical cauldron that had the power to revive the dead, it plays a key part in the second branch of the Mabinogi.

iaith gyrliog / a curly tongue: our toddler daughter's description of languages that she didn't understand!

64/Cymraeg Llundain – The Welsh language in London/65

This poem and the two that follow are part of a sequence that Lowri Gwilym commissioned for a BBC documentary on the Welsh school in London. It was first broadcast in 2001.

66/Gwerthu'r byd mewn du a gwyn – Selling the world in black and white/67

Snowdon: In 1998, Sir Anthony Hopkins pledged a million pounds to help the National Trust buy part of the mountain.

74/Y tadau pêl-droed – The football fathers/75

This poem, and the three that follow, were commissioned by Theatr Bara Caws as part of a multi-media poetry presentation that toured Wales in 2001. *Lliwiau Rhyddid* (*The Colours of Freedom*) featured poems by myself and Elinor Wyn Reynolds, paintings by Elfyn Lewis, music by Pwyll ap Sion and was directed by Ian Rowlands. Each poem took one of the colours of the rainbow as its startpoint and we added white and black. I have been a 'football father' but hopefully not as vehement as the ones in the poem!

76/Swper chwaral – Quarry supper/77

The purplish slates of the Dinorwig quarry, where three generations of my grandmother's family worked, are the background for this poem. The quarry closed in 1969 and is now the site of Amgueddfa Lechi Cymru (The National Slate Museum)

bargen: from the English 'bargain', was originally a contract to work a section of the quarry, made between a group of quarrymen and the owners' representatives. However it was then used to describe that part of the quarry. If it was a bargen with poor returns, it could be described as a *famine kitchen bargen*.

'*dychis*' and '*ladis*': although the quarrymen were mostly monoglot Welshmen and generally radical in their politics, the different sizes of slates were named after various echelons of the aristocracy. *Dychis* (duchesses) were 24" x 12" and *ladis* (ladies) 16" x 8".

80/Anweledig mewn gig Anweledig – Invisible in a rock gig/81

Seeing George W. Bush in a pair of indigo jeans was the seed for this poem ...

84/Noswylio – Settling for the night/85

The sequence ends with black, the colour of night. I used to get our children to sleep when they were younger, by closing their eyes with *llwch cysgu* (sleeping dust). But one day, they may have to perform a similiar office for me...

86/Y fi yw'r boi hefo'r bol – I'm that guy with the gut/87

A poem with backing vocals.The audience are invited to join the poet in repeating the eponymous refrain '*Y fi yw'r boi hefo'r bol*' (I'm that guy with the (beer)gut).

done the Llanddewi Brefi – the Cardiganshire village, where, according to tradition, St. David preached his last sermon. The crowd was so large that he made the ground rise miraculously beneath his feet, so they could see and hear him properly.

90/Rhybudd: Cynulliad – Warning: Assembly/91

Originally written in support of the 'Yes' campaign for the 1997 referendum on Welsh devolution, this poem was subsequently performed with a live band at the open air concert to mark the opening of the Welsh

Assembly in 1999. A memorable day, on the same bill as Tom Jones and Shirley Bassey, and playing to a crowd of 10,000 people!

jazz bands: kazoo bands popular in South Wales carnivals

bara lawr / laver bread: edible seaweed – a South Wales delicacy

sietin: a mid Wales word for hedge

defaid teircoes / three-legged sheep: a story current at the time, claimed that soldiers on survival training in the Brecon Beacons had helped themselves to sheep, much to the annoyance of local farmers. When forbidden from killing sheep, they allegedly just ate one of the legs!

95/Golau yn y Gwyll – Light in the Twilight

This was the sequence that was awarded the crown at the 1999 National Eisteddfod. It's a poem for voices, and explores experiences that are seldom articulated in Welsh literature- the process of learning the language itself. It is centred on the industrial south east, where the language is enjoying a modest revival, contrasting the situation there, with the blacker picture in the traditional heartlands of the language. (It draws in part on my own experience of teaching Welsh to adults in the 1980s.)

Most of the poems are located in the Rhondda and Cynon valleys, in Wattstown, Treherbert, Llwynypia and Hirwaun, and some are located in different parts of Cardiff – in Tremorfa, Cathays, Canton, Newport Road and also Park Place, the main Cardiff centre for teaching Welsh to adults.

However the sequence opens and closes in Llanrwst. The main character is a tutor named Elfyn, who has left his home in the language heartland to pursue a career in the south east. The death of his father forces him to return home and confront some of the complications in his relationship with his father, and indeed, his relationship with the language itself ...

96/Clirio'r tŷ mewn cwmwl tystion – Clearing the house in a cloud of witness/97

treigliadau / mutations: (see note to p.31)

104/Siafio o flaen fy mab – Shaving in front of my son/105

Wlpan / Ulpan course: borrowed from the Hebrew. An intensive language course.

106/Makeover & rusks (meddwi yn Gymraeg) – Makeover & rusks (getting drunk in Welsh)/107

yn glafêrs i gyd / all dribble: there's something quite sensuous in the process of learning a new language, getting your mouth to make unfamiliar shapes.

108/Dad-ddysgu – Un-learning/109
"*blwch llwch*": (*lit. 'ash box'*) the standard term for 'ash tray' though not universally accepted.

110/Guinness wedi'r wlpan – Half empty or half full?/111
annog pleidlais "ie" / urge a "yes" vote: during the 1997 referendum on Welsh devolution. It was carried by a small majority.

114/Codi weipars – Lifting the wipers/115
Da iawn wir: very good in truth

116/Croesi'r bont – Crossing a bridge/117
croesi'r bont: (lit. crossing the bridge) This is a common metaphor for becoming fluent in Welsh.

120/Rage, rage against ... /121
'... rage, rage against the dying of the light.' (Dylan Thomas)
gofeb / a monument: 'exegi monumentum aere perennius' (Q. Horatius Flaccus)

124/Gwers – Elevation/125
The Welsh title *Gwers* means 'a lesson', but when translator Clare Potter suggested 'Elevation' I accepted it gratefully as an improvement! The poem describes the flight from Valley on Anglesey to Rhoose near Cardiff.
(*3.3.11*) This was the date of the third referendum on Welsh devolution in 2011, when 63% voted in favour of extending the legislative powers of the Welsh Assembly.

128/Cwmni – Company/129
In memory of the poet Iwan Llwyd (1957-2010), still sorely missed. We shared a stage many times and played together in a band that had a short residency at the Eagles pub in Caernarfon.
Dan ni Yma o Hyd (We're still here) – the Dafydd Iwan classic, considered by some to be an unofficial Welsh national anthem.
angylion yn hedfan heibio / angels flying past: even the most scintillating conversations have their unexplained silences; Iwan's theory was these were caused by angels flying past.

seiadau: originally, religious meetings; now used more loosely to describe a conversational gathering.

cymanfa: (lit. 'an assembly'), but more generally used of hymn singing meetings.

132/**Modryb – For my Aunt**/133

Commissioned by the Bevan Foundation to celebrate the 60th anniversary of the N.H.S and first performed at the Senedd in Cardiff. The poem is based on a true story that my grandmother's sister told me. It always intrigued me as a child that surgical operations had been performed in chapel!

138/**Un diwrnod yn Kampala – One day in Kampala**/139

This was inspired by artworks and text in a travelling exhibition at Aberystwyth, which I visited with a group of local primary school children in 2009.

The exhibition aimed to raise awareness about the lives of children in developing countries; and all the pieces had to be the size of a CD case to facilitate travel and display.

cassava: a South American native with an edible root, it's grown in Uganda for its resistance to drought.

matoke: a national dish. Plantain is harvested when green, peeled, cooked and mashed.

142/**Ynys – Island**/143

'No man is an island' wrote John Donne, but sadly, dementia has the power to make islands of all of us.

144/**Sul y Cofio – Remembrance Sunday**/145

Commissioned for a presentation at the Millenium Centre in Cardiff 2006, by Llwyfan Gogledd Cymru (North Wales Stage). Caernarfon has a long association with the military.

hwr: whore

Covis: (Usually spelt 'Cofis') The term used by Caernarfon people to describe themselves.

Dre: town. There is a difference between "cofis 'wlad" and "cofis 'dre". The former are from the surrounding area, the latter are from the town itself.

dau farics / two barracks: Caernarfon Barracks was completed in 1855 and is home to the local Territorial Army unit. The Roman remains at Segontium are dominated by the barrack rooms of the garrison's soldiers.

Gododdin: a Brythonic/early Welsh speaking people who lived in modern south west Scotland and north east England until the 7th century. A disastrous raid on Catraeth (modern Catterick) was memorialised in one of the first works of Welsh literature, a series of poems from the seventh century also known as the Gododdin.

148/Y tyst – Witness/149

Aneirin: according to one tradition, the poet Aneirin was the only one of the three hundred-strong war band that attacked Catraeth, who survived.

â lleufer yn fy llygaid / with light in my eyes: Taliesin wrote in his sixth century elegy to Owain fab Urien, 'cysgid Lloegr llydan nifer â lleufer yn eu llygaid'; a great host of the English sleep with light in their eyes.

Hillsborough:15.4.1989; the crush at the Sheffield stadium left 96 dead.

Aberfan: 21.10.1966; the collapse of a colliery spoil tip killed 116 children and 28 adults.

Mametz Wood: 7–12.7.1916; the 38th Welsh Division's objective during the second week of the Battle of the Somme. Some 4,000 men were killed or wounded.

153/Milwyr y Mericia Cymraeg – Welsh American Soldiers

Since 2001 it's been my privilege to visit the United States many times in the company of Professor Jerry Hunter. Together we've made three series of programmes examining various aspects of Welsh American history. The first, 'Cymry Rhyfel Cartref America' (The Welsh and the American Civil War) was broadcast on S4C in 2004 and forms the background to this sequence of poems.

160/Recriwtio'n Ty'n Rhos – Recruiting at Ty'n Rhos/161

Ty'n Rhos: an area in Gallia County, Ohio, originally settled by Welshmen from Cardiganshire. Together with the neighbouring counties of Jackson and Scioto, also heavily settled by the Welsh, this area provided the majority of the recruits for the 56th Ohio Regt. during the American Civil War.

162/Llythyr adre – Letter home/163

Granville: a slate quarrying area near the New York state border with Vermont. Popular with Welsh settlers.

Antietam: 17.9.1862. During this battle, both sides between them lost nearly 23,000, killed and wounded. It remains the bloodiest day in American military history.

164/Carchar rhyfel – War prison/165

Andersonville: one of the principal Confederate prison camps for captured Union soldiers. It was severely overcrowded, and of the 40,000 men held there, 13,000 died. The camp commandant, Henry Wirz, was the only Confederate officer to be tried and executed as a war criminal after the war. *mor agos â dannedd perffaith / as close as perfect teeth*: the surviving prisoners were responsible for burying their comrades. They were so debilitated by starvation, that they buried them as close together as possible, in order to conserve their own energy.

166/Cyn brwydr – Before battle/167
Cold Harbor: 31.5 – 12.6.1864. The last battle in Grant's overland campaign as he sought to threaten the Confederate capital at Richmond. *gwniö'u henwau / sewing their names*: Grant's aide, Lt. Colonel Horace Porter saw Union troops putting their names in their coats on the night of the 2nd June, so their bodies could be identified for burial after the next day's attack.

168/Dilyn John Griffith Jones – In the footsteps of John Griffith Jones/169
John Griffith Jones: Eighty of his letters are preserved in the National Library of Wales. Originally from Llanrug, he enlisted in the 23rd Wisconsin Regiment. After surviving a number of bloody battles, in Mississipi in 1863, he was killed in a skirmish in Louisiana in October 1864. *cartra*: home

170/Yr Orymdaith Fawreddog – The Grand Parade/171
The Grand Review of the Armies was a two-day celebration of the end of the Civil War, on the streets of Washington D.C. in May 1865. Photographer Matthew Brady recorded the event in a series of pictures.

174/Fort Sumter, De Carolina – Fort Sumter, South Carolina/175
The bombardment of Fort Sumter in Charleston harbour was the first action in the American Civil War.

180/Camp – A feat/181
When you live in a Welsh speaking area, encountering a resident who appears not to understand a friendly greeting, is a little disorientating. *Sut mae'i?*: How are you?

184/Agor y drws – Opening the door/185
'Mise Éire ... mór mo náire': 'I am Ireland ... great is my shame' *Jailtacht*: a portmanteau coinage from 'jail' and 'gaeltacht' (the gaeltachtaí are the traditional strongholds of the Irish language).

'Mise Éire ... uaigní mé ná an Cailleach Béara': 'I am Ireland ... more lonely than the witch of Béara'

188/Man Us – Wheat and chaff/189
Professor Gwyn Thomas (1936-2016) was a unique voice in Welsh poetry, and a former National Poet of Wales. A prolific critic and brilliant academic who did much to open the gems of Welsh literature to students and lay readers alike.

190/Esgus – Excuse/191
In 2003 I was invited to read in Lublin and afterwards visited the death camp that is preserved at nearby Majdanek. The ashes from the camp crematoria are still there, as are the thousands of shoes removed from the bodies of those who were killed. The betrayal implicit in the poem is an imagined one.

194/Croen – Skin/195
The remains of one of Llywelyn ap Gruffydd's courts at Rhosyr was rediscovered in the 1990's by an archaeological team led by Neil Johnstone.
Poni welwch chwi...? / Do ye not see...?: Gruffudd ab yr Ynad Goch's epic lament for the last native ruler of Wales, repeats this phrase to great effect. The apocalyptic references to the 'stars falling', 'oaks clashing' and the 'sea smiting the land' come from the same poem.
twyni tywod / sand dunes: in 1332 the remains of the court were hidden by a great sandstorm.

198/Darllen ei grys – Reading his shirt/199
When a soldier removed his shirt to hunt lice, his comrades sometimes referred to this as 'reading his shirt'.
Ellis Evans: better known by his bardic name Hedd Wyn. He was killed on the first day of the battle for Passchendaele and five weeks later posthumously realised his life's ambition by winning the chair at the National Eisteddfod.

200/Terasau – Terraces/201
Inspired by a visit to the cemeteries of the Somme in 2015. The poem was projected on the side of Big Ben in Westminster as part of the Remembrance Sunday commemorations in 2016.

202/**Mwg – Smoke**/203
A 're-wind' poem in the style of Carol Ann Duffy. In memory of Olwen Dafydd (1968-2014), who worked for Llenyddiaeth Cymru / Literature Wales.

205/**Terfysg – Turbulence**
The crown-winning collection at the National Eisteddfod in 2013 (18 poems, from p. 206 to p. 241). The poems were written in response to the 2011 census results which showed a slight fall in the numbers of Welsh speakers. (A small increase had been recorded for the first time in ninety years in 2001.) There are several possible translations of 'terfysg' including commotion, insurrection, riot and thunder. None of these feature prominently in the poems, which explore rather, the muted response to the census results. They're a mosaic of fragments – suggesting perhaps, how a culture can fragment under pressure. But there are suggestions here too, that the fragments might be made whole once more, if there is a will to do so.

206/**Darnio – Disintegration**/207
wedi'r elwch / after the revelling: a reference to Aneirin's Gododdin (see note to Sul y Cofio / Remembrance Sunday p.144)

208/ **11.12.12** /209
The analysis of the census' language findings were published on the anniversary of the death of Llywelyn ap Gruffudd, last native ruler of Wales (see notes to Croen / Skin p.195)

210/**Ystrad Fflur – Strata Florida**/211
mynachod gwynion / white-robed monks: Strata Florida belonged to the Cistercian order, and its abbots were important patrons of Welsh learning and poetry.

212/**Entropi – Entropy**/213
i AJW / for AJW: with thanks to poet and dramatist Aled Jones Williams who explained the theory of entropy to me, whilst filming together at Valle Crucis Abbey.

214/**Glaw – Rain**/215
'*Cerddoriaeth gynta ein gwlad*' / '*Our land's first music*'; adapted from Hippolyte Taine

216/Swyddfa – Office/217

hen agorydd / ancient chambers: the chambers in question refer to the underground workings of the Ffestiniog slate mines.

220/Boddi cynhaea' – Drowning the harvest/221

Tryweryn: the drowning of the Tryweryn valley to supply water for Liverpool was widely opposed in the 1950s and 1960s. During periods of drought, the drowned hedgerows and roads re-emerge.

fel gwartheg / like cattle: according to the legend of Llyn y Fan when the fairy wife had been struck for a third time, she disappeared into the lake taking her cattle with her.

boddi'r cynhaea' / the harvest was drowned: as well as implying the literal submerging of the valley, 'drowning the harvest' is a Welsh phrase for celebrating the completion of harvesting with a drink.

222/A be mae'r beirdd yn feddwl? – And what do the poets think?/223

cynghanedd: the strict system of alliteration and internal rhyme that characterizes traditional Welsh poetry.

226/Son et lumière/227

pair dadeni / cauldron of rebirth: see note to p.61.

228/Peblig: 87.4%/229

Peblig: one of the four wards of the town of Caernarfon. The highest percentages of Welsh speakers are found in the urban areas of Gwynedd.

230/Hen gapel – A former chapel/231

Charing Cross chapel in Central London is where my parents met and where I was baptised. Although it was deconsecrated in 1984 and was a bar at the time of writing, many of the original features of the building remain, such as the war memorial to the chapel's fallen members.

Rhys nac Ebeneser / Rhys or Ebeneser: popular Welsh hymn tunes.

232/Gwae ni chlyw organ na chlych – Woe he who hears no organ nor bells/233

Guto'r Glyn ended his days in a monastery and this line comes from his last poem.

238/Bathodyn Cymraeg – Welsh speaker badge/239

Welsh speakers are invited to identify themselves with small orange badges in the shape of commas.

293

242/Y Tŷ hwn – This house/243

Commissioned to mark the opening of the fifth session of the Welsh National Assembly at the Senedd in Cardiff, in June 2016.

cwmwd / commote: before the English extended their shire system of administration to Wales, the country was divided into 45 cantrefi which were then subdivided into commotes.

megis cynt / as before: the first Welsh Parliament was summoned by Owain Glyndŵr at Machynlleth in 1404.

246/Gweledigaethau Euro 2016 – Euro-visions, 2016/247

The title references the early 18th century work 'Gweledigaetheu'r Bardd Cwsc' (The visions of the Sleeping Poet) in which Ellis Wynne took stock of the world he saw around him. What a difference a month of footballing success made to Welsh national confidence!

euro: in Welsh it means to 'gild', or 'make golden'.

disgwyl hir / years of anticipation: as a boy I dreamed of seeing the Welsh national team compete at a major football championship. In my fifties the dream came true.

'diolch' by 'diolch': the Welsh language was very much part of the team's brand identity. The team recorded a video saying 'diolch' (thanks) to their fans. Adidas and Budweiser picked up on this.

vampire nation: 'Zombie Nation' was one of the popular chants amongst the fans during the qualifiers and the finals.

bygwth cau / if old paths should shut down: the Brexit referendum was held during the finals.

250/Caerdydd 3.6.17 – Cardiff 3.6.17/251

Another poem suggesting that football can continue to act as a medium for cultural exchange in a post Brexit era, as Wales welcomed Real Madrid and Juventus to Cardiff for the Champions' League Final.

Sarete sempre etc.: 'You will always be our European brothers and sisters' in Italian, and then in Spanish.

252/Cadw Oed – Keeping Faith with our Past/253

Written to thank the family of Captain Dafydd Jones for their assistance while I researched his history, for a series on BBC Radio Cymru. He was one of the hundreds of Welshmen whose bodies were lost beneath the wood that they captured as part of the battle of the Somme, in July 1916. *Voici le bois de Mametz etc.* The French lines suggest that honouring the dead should not be a colonial act, but an international gesture, in the name of continuing peace.

256/**Mwyara** –**Blackberrying**/257
A quarter of a million displaced Belgians were granted refuge by the British authorities in 1914. These days even 20,000 a year is deemed too much. The poem imagines the response of a young Welsh girl whose parents have taken in a Belgian refugee family. The family is imaginary (although a family named de Vynck were given refuge at Pentrefelin in north west Wales).

260/**Gwaddol** – **Bequest**/261
Gillian Clarke was my immediate predecessor as Bardd Cenedlaethol Cymru / National Poet of Wales, and she discharged the rôle with great distinction between 2008 and 2016. As I prepared to take on her mantle, she was extremely generous with her advice, and my first official duty at the 'handover' ceremony at the Hay Literary Festival in May 2016 was to thank her.
bocs twls / tool box: Gillian is a not only an accomplished poet but also a great mentor of writers, helping them to master the tools of their trade.
Taliesin: according to the myths that grew up around Taliesin (a historical figure from the sixth century and reputedly the first poet in the Welsh tradition) he had magical powers and could change shape.

262/**Taliesin** – **Taliesin**/263
Another poem to honour Gillian, this time on the occasion of her eightieth birthday in 2017.

264/**Cymraeg Ambarel** – **Umbrella Welsh**/265
Commissioned for Radio 4's Front Row on St David's Day 2017.

266/**Taeru dŵr yn rhew** – **Swearing water back to ice**/267
Written for Stop Climate Chaos Cymru for the #Showthelove campaign in February 2017.
cau y we / shutting down the web: hundreds of pages on the U.S. Environmental Protection Agency's website relating to climate change have been removed.

268/**Llythyr Mamgu** – **Mamgu's letter**/269
Composed for the memorial concert held to mark the 50th anniversary of the Aberfan disaster at the Millenium Centre, Cardiff, and first performed by Sian Phillips. I am greatly indebted to the recollections of the survivors, particularly Gaynor Madgwick.
ond cariad bach, smo i 'n gwpod beth i weud tho ti: but my darling, I don't know what to say to you.

Felly, beth alla 'i weud tho ti bach?: So, what can I tell you my love?
niwlog ac ôr: foggy and cold.
Dim ond 'eddi 'to – a fydd dim ysgol am wsnoth wetyn: Only one more day – and there'll be no school for a week then.
Rôdd y swllt yn ei llaw 'i o 'yd, pan dynnw'd 'i mâs o'r llacs: The shilling was still in her hand when they pulled her out of the sludge.
Byddi di'n gwpod yn well na Mamgu, wi'n siŵr: You'll know better than your gran, I'm sure.
Mae'n rhan o dy 'anes di ... rhan o 'anes ein teulu ni: It's part of your history ... part of our family's history.
Bampy: grandfather.
Shgwla di ar i lunia fa: You look at his photos.
Elli di ddim, cariad bêch – ond smo'i isia iti anghofio chwaith: You can't my darling – but I don't want you to forget, either.
ond rhanna 'i beth alla'i 'da ti: but I'll share what I can with you.

274/Loc Llangynidr – Llangynidr lock/275
Written for Great Canal Journeys on Channel 4, as I joined Timothy West and Prunella Scales on the Monmouthshire and Brecon Canal
John Evans: my great great grandfather who lived nearby. In his youth he was a drover and drove mountain ponies to the horse fair at Barnet on the outskirts of London.

276/Medi 1917 – Harvest 1917/277
Despite his lack of formal education, Hedd Wyn won the chair at the National Eisteddfod in 1917, with a fine 500 line poem in traditional metre. Tragically, he had been killed near Ypres a few weeks earlier and a nation went into mourning. His home at yr Ysgwrn near Trawsfynydd, became a place of pilgrimmage. Following an ambitious programme of refurbishment, Yr Ysgwrn was officially reopened by the Welsh First Minister, Carwyn Jones in September 2017 and this poem was commissioned to mark the occasion.

280/Blwyddyn y Môr – The Year of the Sea/281
2018 was designated 'The Year of the Sea' by Visit Wales – and this poem was written to support their campaign.